淀川の治水翁

大橋房太郎伝

小川 清

東方出版

淀川治水に生涯をかけた人

国土交通省近畿地方整備局河川部長　尾澤卓思

川の恵みは大きいが、川がもたらす洪水は、時にすべてを奪ってしまう。淀川の治水は古来より行われ、豊臣秀吉も堤防を築いている。現在の淀川の基礎は、明治時代の改修により造られ、今年はこれより百年目にあたる。毛馬から新しく淀川が掘られ、大阪の市街地が守られた。現代の大阪の発展を支えた一つの礎は、このときにできたものであり、当時多くの人々が並々ならぬ情熱をもって、淀川の治水に尽力したお陰である。本書は、その中でも抜きんでた存在であり、真のキーパーソンであった「大橋房太郎」の物語である。

大橋房太郎は、誠に不思議な人であったようだ。身長は一四五センチと小さいが、声は大きく、差し出す名刺もハガキ大と大変印象の強い人で、一途な性格は周りから変わり者と見られていた。米屋の商いをしていた時も淀川のことしか言わず、淀川屋と呼ばれ、府会議員になってからも淀川の治水の実現のためには、裸踊りまでもしたということだ。

ところが、小さい頃から人との出会いに恵まれ、立派な先生や時代の要人と数多く付き合っている。常に彼の熱意や姿勢は、人の心に響くものがあったに違いない。信念があるから、変わり者であっても憎めない、むしろ人を惹きつける魅力があったのではと思う。淀川の治水を要請し、時代の波に翻弄されながら諦めず、何度も陳情し、陳情の神様とも言われ、世紀の大事業を実現させた。まったくの快男児である。

大橋房太郎は、大阪が壊滅的な被害を被った明治十八年の洪水で天命を知り、淀川の治水に生涯をかけた信念の人である。淀川改修が決まった帝国議会の会場で万歳を喝采した時の気持ちは、さぞや満足であったであろう。男子の本懐ここに極まった感がある。私たち河川技術者も、大橋房太郎に負けない気概を持って河川行政に臨みたい。そんな意欲を掻き立てられた。成せば成る何事も、元気をくれる異人、偉人いや意人（意志の人）の物語を読んでみてください。

●目次

淀川の治水翁

大橋房太郎伝

序　淀川の恵み

菜の花や　月は東に　日は西に

与謝蕪村の有名な俳句です。

蕪村は享保元年（一七一六）に摂津国東成郡毛馬《けま》村（現・大阪市都島区毛馬町）に生まれました。この発句は、彼が二十歳まで過ごした故郷毛馬村の景色を詠んだものだと伝えられています。画家としても多くの作品を残した蕪村は、絵筆の代わりに言葉で風景を切り取るような鮮やかな描写を得意としました。なかでもこの句は、地平線まで広がる雄大な景色と菜の花の色彩、春の宵の朧に霞んだ空気や甘い匂いまでも感じさせる、きわめて官能的な作品です。

江戸時代、淀川の下流域は菜種油の産地として有名でした。稔りをもたらす豊富な水量と肥沃な土は、絶えることなく上流から運ばれてきます。大坂で搾られる油は「水油」と呼ばれ、煤が少なく炎の色が明るい高級な灯油として高い値段で取引されました。多くは樽廻船や菱垣

一面に咲く早咲きの菜の花

廻船に積み込まれ、江戸へ廻漕されました。その当時、世界でもっとも人口の多い都市であった江戸の夜を照らしたのは、大坂の油だったのです。

上流の守口辺りから南西に向かってゆるやかに流れてきた淀川は、毛馬の上流で大きく蛇行して、南へ向かいます。蕪村の句に詠まれた黄金色の平原を抱き込むように流れる大河と、そこに浮かぶたくさんの川舟。それは、灯火の光源がガスや電気に取って代わられる明治時代まで変わることなく続く大阪近郊の風景でした。

しかし、ひとたび天候が荒れると、この豊かな風景は一変します。ゆったりと身をくねらせていた河は、しぶきを上げ轟音を立てて濁流となり、堰を切って襲いかかります。流路を踏み外し、溢れ出して、日頃いつくしんできた大坂の人々の生活を呑みつくすのです。

正史に数える淀川の水害は、推古天皇の御代から明治まで百三十四回と言われます。なかでも最も規模が大きく被

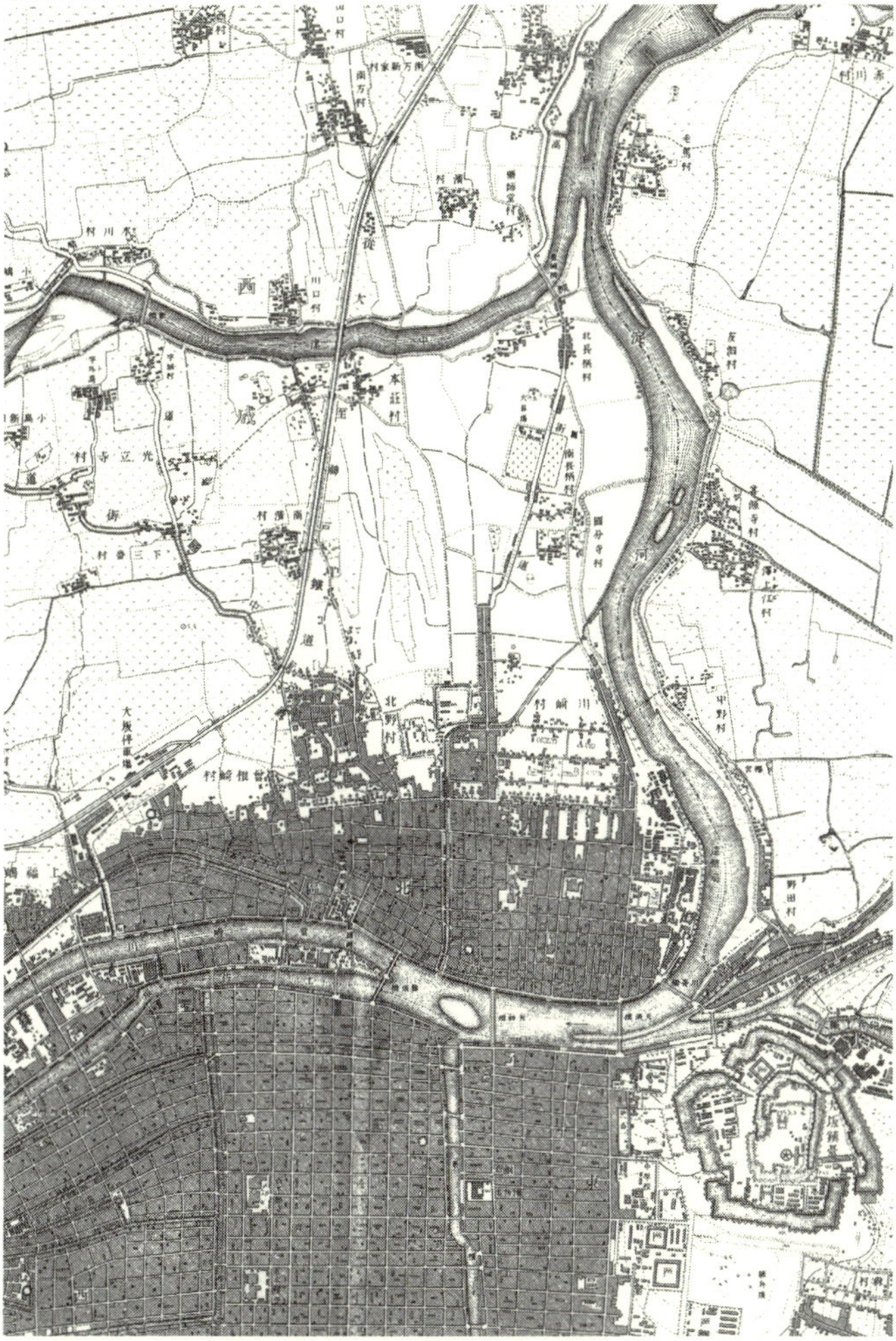

図①　大日本帝国参謀本部陸軍部測量局発行の地図の一部

明治十八年（1885）測量二十年製版の参謀本部陸軍部測量局発行の地図の一部。上部、淀川分流点の左岸に「毛馬村」の表記がある。西へ流れるのは中津川。大阪城西側の人口密集地に比べ、郊外の戸数の少ないのに驚かされる

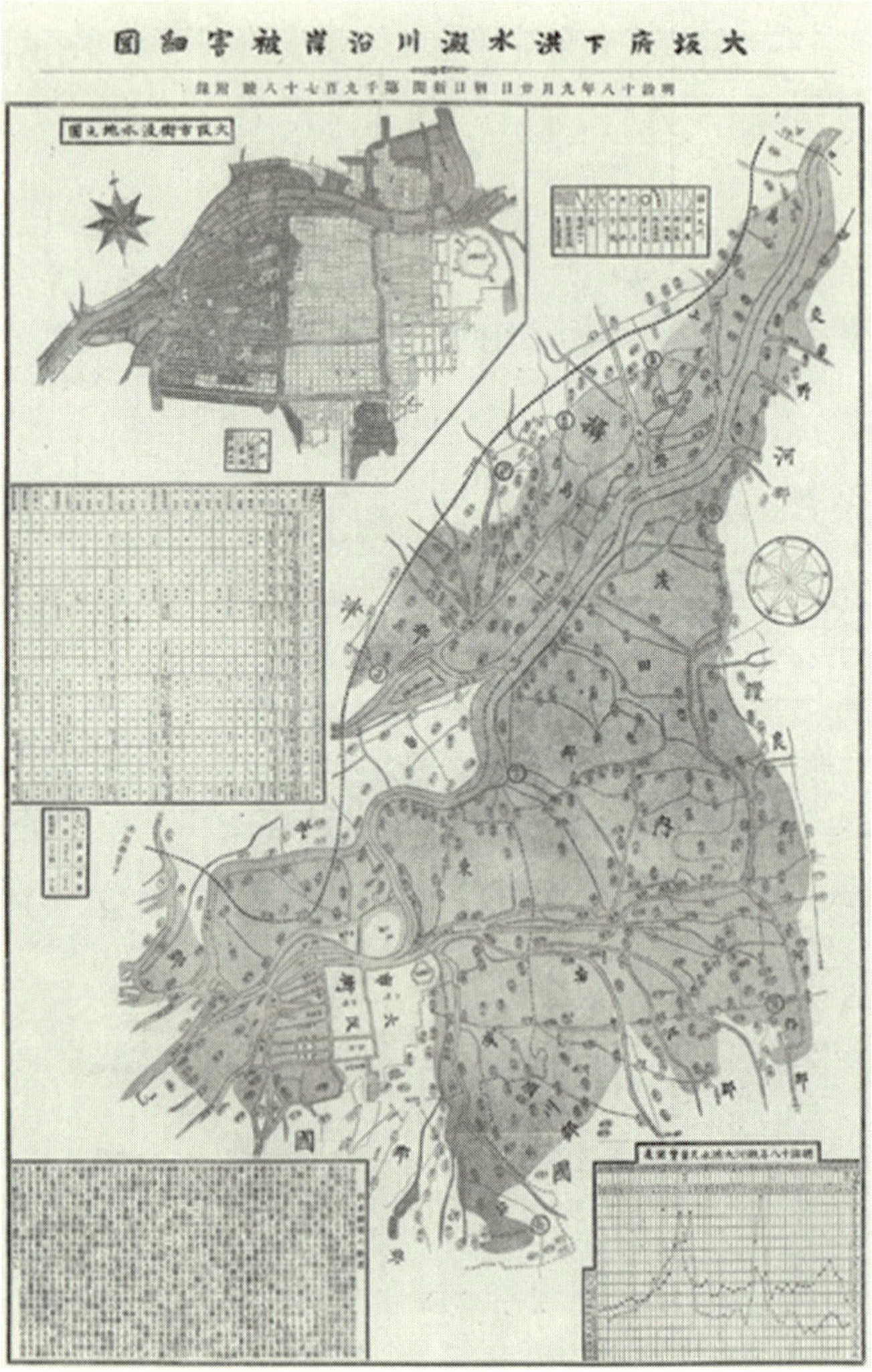

図②　大坂府下洪水澱川沿岸被害細図
明治十八年（1885）九月廿日発行、朝日新聞の附録。澱川は淀川の漢語表現。当時の新聞の堅苦しい言葉遣いが髣髴とされる

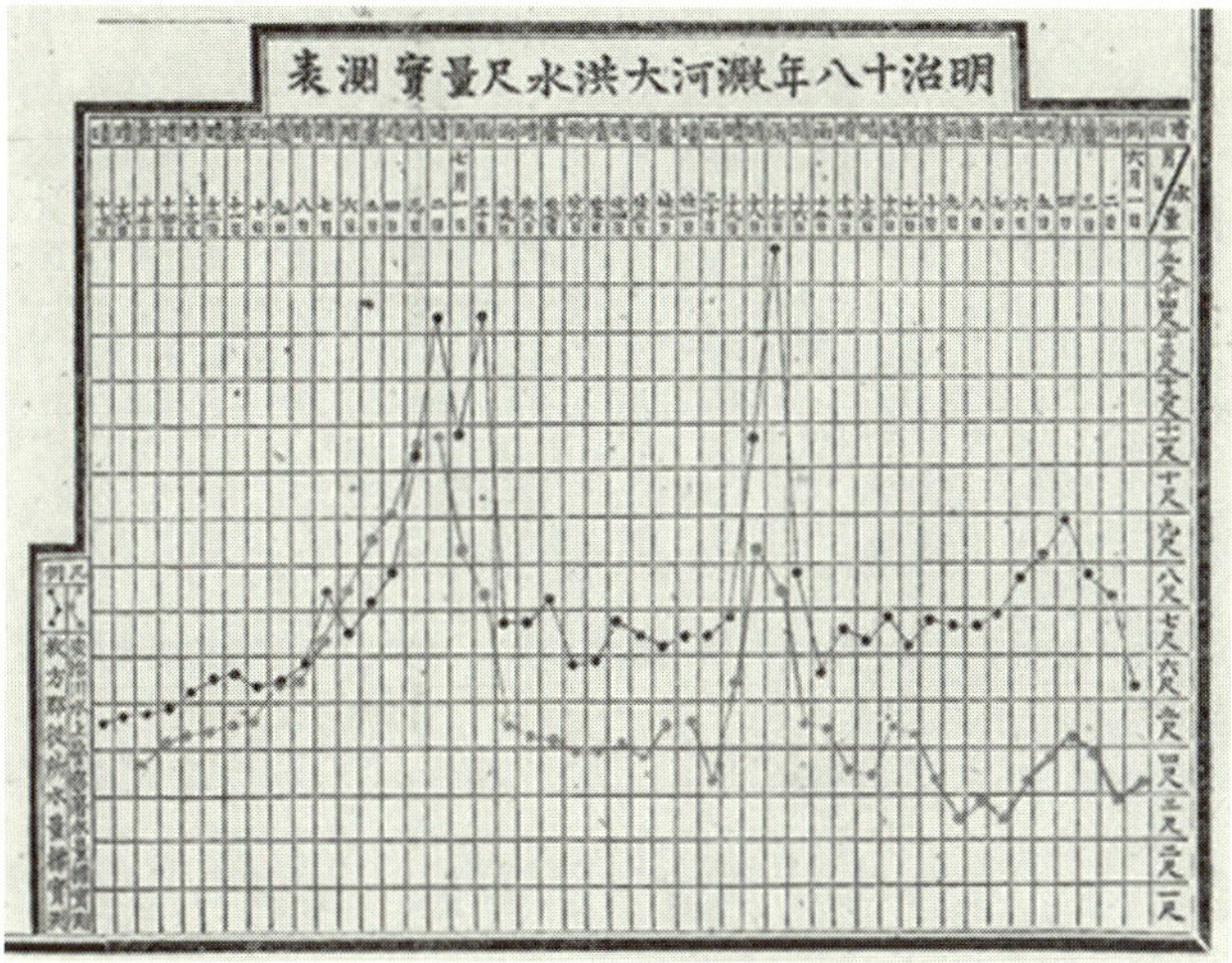

図③　明治十八年澱河大洪水尺量實測表

害が甚だしいのは明治十八年の水害でした。

　右ページの図②は明治十八年九月二十日の朝日新聞が組んだ澱河（淀川）大水害特集の付録として発行された被害地図です。グレーに塗られた部分が浸水した地域です。ご覧のとおり、淀川左岸はほぼ水没しています。

　上の図③をご覧下さい。図②の右下の部分を拡大したものです。淀川の水位を示した折れ線グラフで、六月一日の欄で上側にある黒い線は上流枚方での水位、下側のやや薄い色の線は淀川の本流であった大川の下流にあたる安治《あじ》川の水位です。まだ縦書きの文化なので、今と逆に右から左へ読みます。六月十五日から十七日にかけて急激に水位が上がっているのがわかります。この年の梅雨は、六月初旬に少し雨が続いたあと小康状態でしたが、朝鮮半島に発生した低気圧に刺激された梅

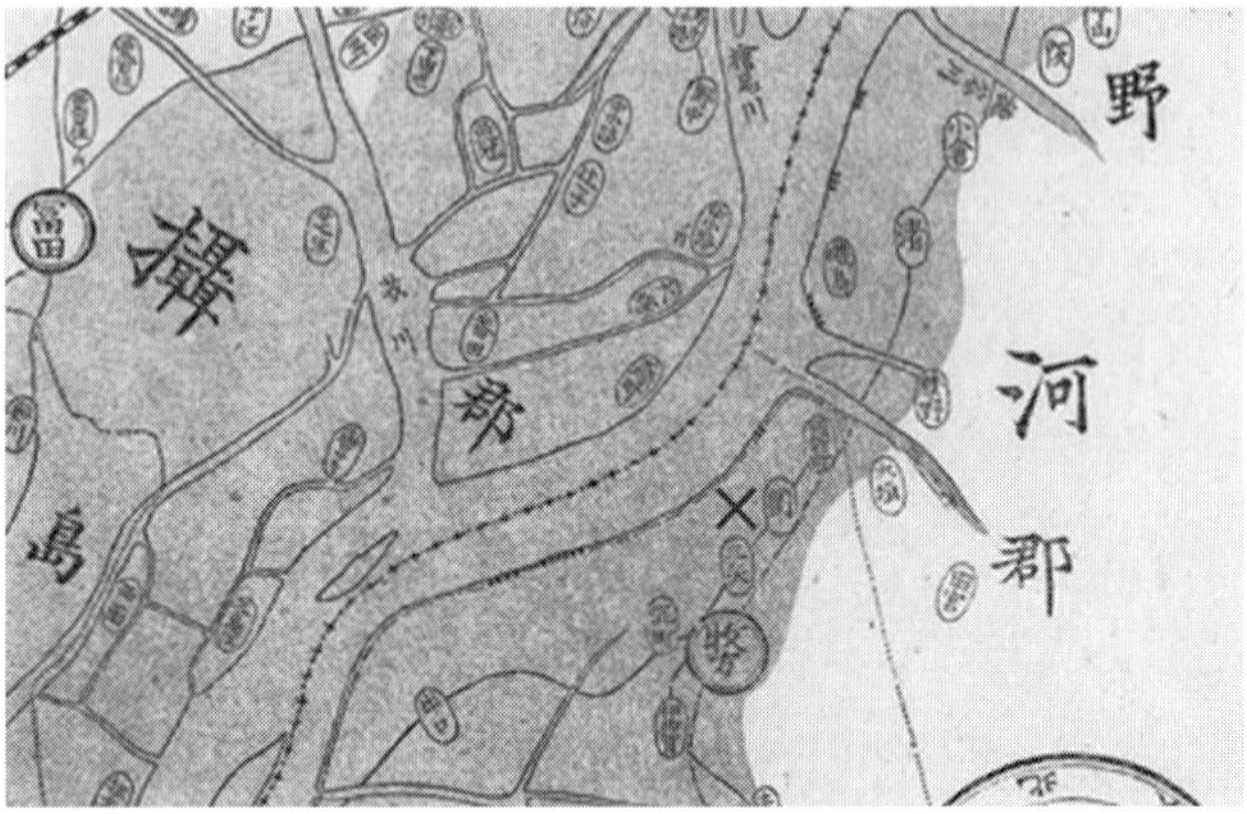

淀川本流最初の決壊地点。図②の一部を拡大したもの。×印は筆者が書き加えた

雨前線が十五日に豪雨をもたらします。翌十六日は一旦晴れましたが、十七日には再び新たな低気圧が豪雨をもたらし、淀川の水位も急上昇します。グラフの単位は尺です。七尺といいますから、一日で二メートルも上昇し、基準水位から四・二四メートルに達しました。そのあと一気に水位が下がっているのは、本流の堤防が決壊して水が溢れ出したためです。

まず交野から淀川本流に流れ込む天野川の堤防が決壊し、ついで天野川と淀川の合流箇所から少し下流の淀川左岸の堤防が破れます。現在の地名で言うと枚方市三矢町付近、京阪電鉄枚方市駅から淀川に向って北西に進んだ場所です。

今、この場所のすぐそばには淀川の生態系や歴史、水害と治水などの資料を展示する、国土交通省の淀川資料館が建てられています。

さらに、最初の決壊地点の少し下流の伊加賀で、淀

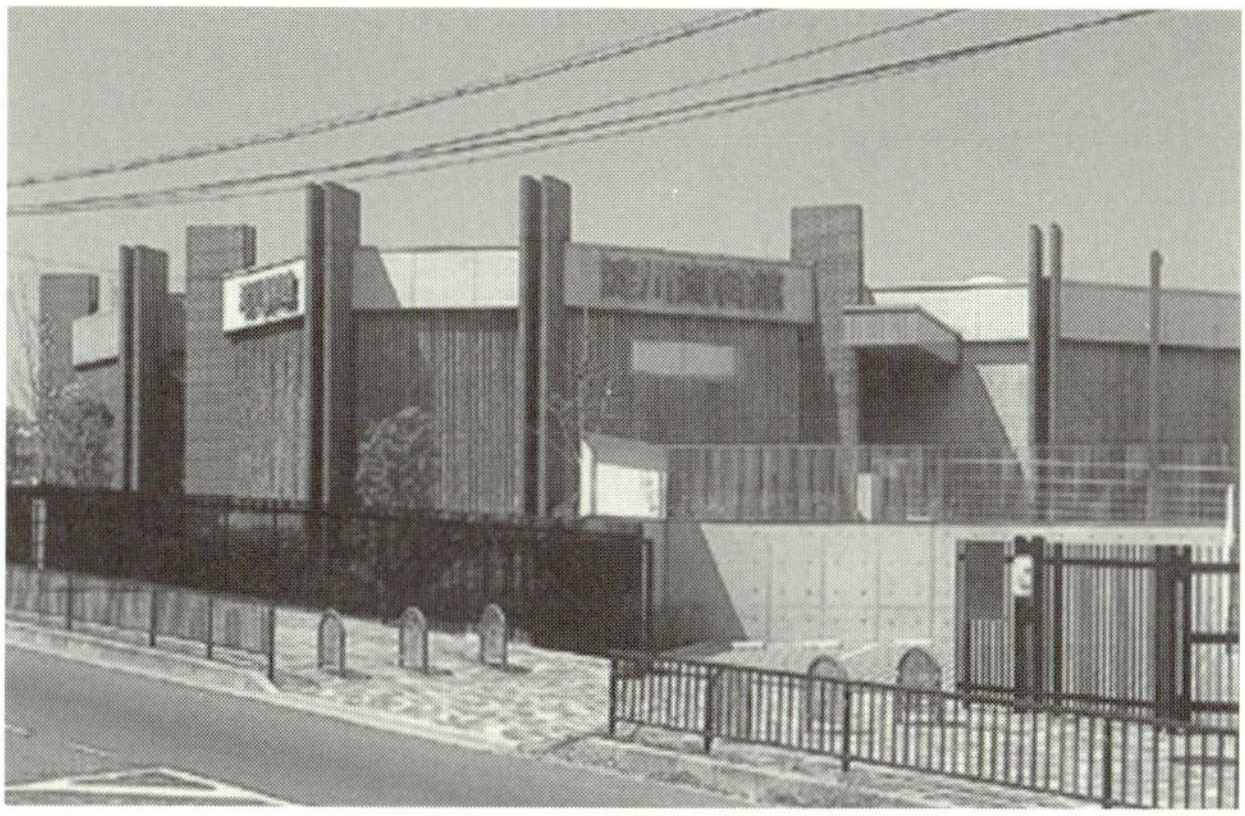

国土交通省淀川資料館（枚方市新町）

川左岸の堤防は大きく崩れました。溢れ出した大量の水は濁流となって、低い土地を求めて北河内を南へ向かいます。

十九日には、放出《はなてん》を中心とする寝屋川下流域が水没し、水は寝屋川に沿うように鴫野《しぎの》、蒲生《がもう》、東野田から都島、網島へと大阪市の中心部に迫ってきました。大阪の中心部は、造幣局をはじめ、日本の金融経済の中心地です。さらに、その西側は大阪府庁や外国人居留地のある貿易と外交の拠点。そこが水没すれば、その被害は計り知れません。そこで、堤防を切って、堤防の外にたまった水を大川に戻す「わざと切れ」という非常手段をとりました。現在の都島区網島町、市長公邸の北側です。その場所には「水防碑」が建てられています。これによって、大阪市街地の水没は免れました。甚大な被害が出ましたが、それでもなんとか応急の処置がとられました。

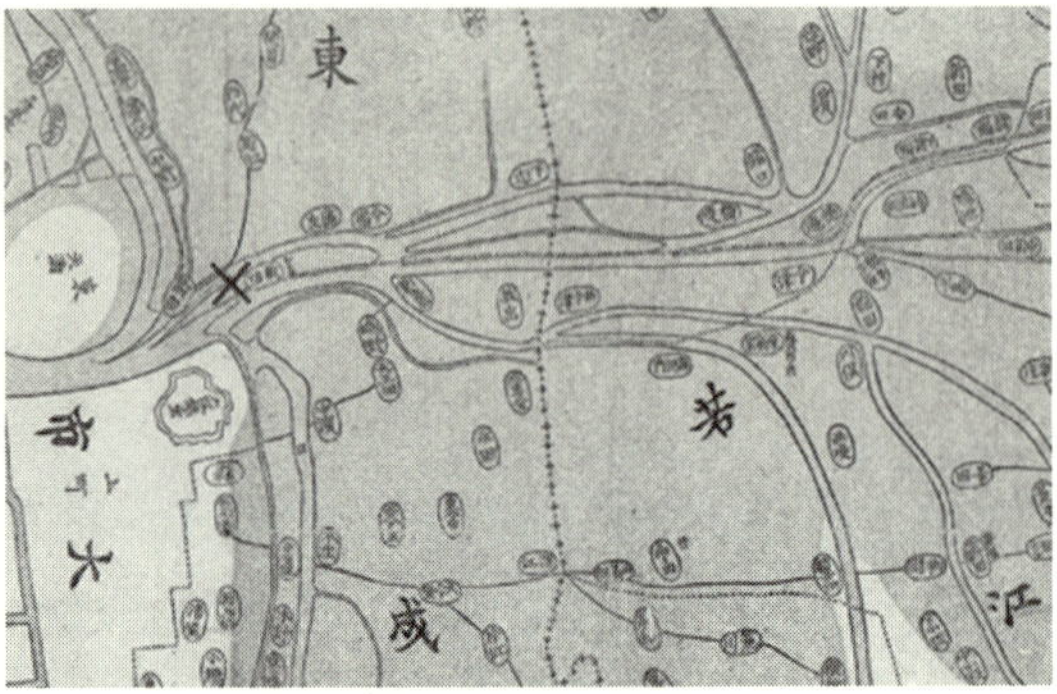

「わざと切れ」の地点。図②の一部を拡大したもの。×印は筆者が書き加えた

「わざと切れ」の跡地にたつ水防碑

決壊した「わざと切れ」(淀川資料館蔵)

これだけでも、歴史に残る大水害となったでしょう。ところが、ひと息ついた頃、二十五日から再び雨脚が強まります。二十八日からは台風の直接の影響と見られる集中豪雨があり、七月一日には暴風も加わって、淀川はじめ各河川の水位上昇に追い討ちをかけます。

おそらく、台風にともなう低気圧が梅雨前線を刺激したと推測されます。梅雨末期によく見られる現象です。しかし、その規模はけたはずれで、つい十日前の洪水で破壊された大阪を、根こそぎ押し流してしまいました。

決壊した後、応急に堰止めをしてあった枚方の堤防が破れ、前回の洪水で弱っていた支流の堤防も次々に壊れました。「わざと切れ」も崩れて、逆に水を呼び込む結果となりました。

大阪市内の浸水は、二日午後七時が最高で、十三尺三寸三分・約四メートルにもおよびました。ほぼ軒先まで水の底に沈む被害。野田橋、京橋から安治川橋まで、木造だった大川沿いの橋も三十一橋すべてが流出しました。上流の橋が壊れると、その廃材が濁流に乗って下流の橋に襲いかかります。淀屋橋が流れたときには通行人も巻き込まれ、橋と一緒に流されて溺死しました。三十一番目のもっとも下流の安治川橋はかろうじて持ちこたえたのですが、その橋脚に上流から流れてきた橋の木材が引っかかって天然のダムのようになり、市中の水位を上げる恐れが高まったために大阪鎮台の工兵が爆破しました。

浸水戸数　七万二五〇九戸

流失した天満橋（淀川資料館蔵）
対岸の煙突は造幣局の工場のもの

流出した淀屋橋（淀川資料館蔵）
中之島に並ぶのは越前福井藩蔵屋敷

流出戸数　一七四九戸
死者・行方不明者　八十一名（朝日新聞九月二十日号の統計）
これが記録に残る、淀川大洪水の概要です。
この水害をきっかけに、淀川を水源の琵琶湖から下流の大阪港まで一体として改修する案が浮上してきました。築港、治水に優れたオランダやフランスの技術で淀川の流路を変えてしまう大規模な工事です。幾多の困難と、巨額の費用、長い工期が必要な淀川大改修を牽引したのは、東京で法律家を目指していた一介の若い書生大橋房太郎でした。水害の惨状を目の当たりにして衝撃を受けた房太郎は夢を捨て、ふるさと大阪に戻ってその生涯を淀川の治水に傾けることを決意しました。そして水害から二十四年後、新淀川と呼ばれる巨大な放水路が完成し、毛馬には水門が設けられて市街地に流れ込む淀川の本流は支流となりました。私たちが目にする現在の淀川の姿になったのです。
房太郎は、淀川によって人生の針路を大きく変えられました。しかし、彼の奮闘によって淀川もまたその姿を大きく変えることになりました。
明治という激動の時代に、多くの若者たちの心は沸騰しました。未来を作ろうという夢を抱き、挫折し、それでも立ち上がり運命と戦ったのです。房太郎は偉人でも英雄でもありません。目の前の問題に直面し翻弄され、喜怒哀楽の感情に正直に生きた青年です。その意味では、時代が生んだ人物像のひとつに過ぎないのかもしれません。これは淀川とともに生きた青年の物語です。

第一章　向学心あふれる少年

房太郎の生い立ち

大橋房太郎は万延元年（一八六〇）十月十四日、摂津国東成郡放出村（現在の大阪市鶴見区放出東）に生まれました。

「放出」と書いて「はなてん」と読みます。大阪には難しい地名が多いのですが、これは極め付けでしょう。この地名の由来について、古くから地元を守る阿遅速雄《あぢはやお》神社に不思議な話が伝わっています。

天智天皇の七年（六六八）、新羅の僧が熱田神宮から御神剣・天叢雲剣を盗み出し、本国に持ち帰ろうとしました。船で難波の津に出たところで嵐に遭い、吹き戻されてこの地まで流されます。嵐はますます激しくなり、これは神様の怒りに違いないと恐ろしくなった僧は、盗み出した神剣を川に放ち出しました。すると嵐は収まり、僧は無事に逃げ出すことができました。

阿遅速雄神社（鶴見区放出東）

この故事にちなんで、「はなちいだし」という地名が授けられ、それが訛って「はなてん」になったというのです。この話がどこまで史実を伝えているかはわかりませんが、七世紀頃の海岸線は上町台地の東にまで回りこんでいて、放出は寝屋川と大和川の河口に位置していたと推測されています。この地が古くから水の荒れる場所であったのは確かでしょう。

　大橋家は、この放出で大庄屋を務める有力者の一族です。房太郎はそのうちの「南大橋」の当主大橋実蔵の四男として生を享けました。

　この年の三月三日には、江戸城に登城しようとする大老井伊直弼が浪士たちに暗殺されるという「桜田門外の変」が起きています。時代は幕末の動乱へと、大きく動き始めた頃でした。

　生まれて間もない房太郎も、いきなり大きな人生の転機に見舞われました。誕生の翌年に父・実蔵が亡くなったのです。家は、まだにきびの痕の残る年若い長兄が継ぎましたが、未亡人となった母アサは、大橋一族の宗家・大橋作兵衛の後添いとして迎えられることになりました。宗家が義理の父となって南大橋の若い当主の後見をするという意味があったのかもしれません。同時に、南大橋の若い後家が大橋一族の次の宗家を育てることになるわけです。血を絶やすことの許されない、由緒ある一族ならではの宿命でしょうか。そんな大人たちの事情を知るよしもない幼い房太郎は、母に連れられて実家を出て、宗家に引取られました。

同じ一族とはいえ、血のつながらない年上の人々の中で暮らすのがどれほど窮屈なものか、その立場になければ想像もつかないことです。母は、父の顔も知らない房太郎を不憫に思い、可愛がりましたが、本家筋にあたる新しい夫とその子供たちに対する遠慮もあります。難しい立場を任された母のがんばりで、房太郎は背丈こそ伸びませんでしたが、まっすぐな強い気性の少年に育ちました。

ところが、ようやく馴染んだ宗家での暮らしも十

大橋家住宅（大橋房太郎の生家）。江戸時代末期の都市近郊の豪農の建物が、そのままの姿で保存され、現在も使われている。大橋家は大庄屋であると同時に、商家も兼ねていた

大橋作兵衛木像（大橋幸彦氏蔵）

年ばかりで、義父となった作兵衛が亡くなります。新しい当主に場所を譲るかたちで、母は隠居することになりました。居場所のなくなった房太郎は生家の兄の元に戻ります。まだ十一歳の少年が経験した転変です。

父親というものに縁のない末っ子の弟に対して、苦労人の長兄は、自分が父親代わりになって、なんとか一人前になるまで育ててやろうと考えました。南大橋の家は、地主であると同時に小作人から上納される米を商い、当時は灯油として使われた菜種油を搾って売ったり、その搾りかすを肥料として商うなど、手広く家業を営んでいました。頭の良い房太郎にしっかりと仕事を覚えさせて、いずれは分家させてやりたいという気持ちがあったようです。

しかし、向学心の強い少年に育った房太郎は、勉学で身を立てたいという願いを持つようになっていました。母の連れ子として宗家で暮らすうちに、頼るべき父を持たない房太郎は、自分の努力で世に出るしかないとの思いを抱くようになったのかもしれません。物心付いた頃には宗家に引き取られ、そこで育った房太郎には生家の記憶はほとんどありません。初めて暮らす家で、兄に甘えて見せるような可愛げは持ち合わせず、昼間は実家の仕事である油搾りを手伝いながら、夜はむさぼるように本を読む毎日でした。

人生の激動で苦労を味わったのは、房太郎だけではありません。青年というよりは少年といったほうが相応しいような年で父を失い、母に去られ、古い家柄を継いで幕末、維新の動乱に揺られた長兄は、一度家を出て戻った房太郎の態度が気に入らなかったようで、房太郎の夜遅くまで続く勉学に怒声を浴びせることも多かったといいます。もっとも、当主である兄にしてみれば、売り物の菜種油を湯水のように使い夜更かしをする弟に、親身になって意見したという一面は見逃せません。晩年の房太郎は、この時期を振り返って「兄とは気が合わなかった」と述懐したようですが、厳しく叱りつけながらも、その後もなにかと援助を惜しまなかった兄やんに対して、ちょっと身勝手な言い草のように思えます。

ただ素直に人の言いなりになるという柔軟さは、生まれつき房太郎の性格にはなかったようです。兄やんの叱責を無視するように勉学を続けて、ますます確執は深まりました。房太郎の負けん気の強さや頭の回転のよさは、下手をすれば人の反感を買いかねない危険な特質です。悪く言えば年長者を小馬鹿にする生意気でこまっしゃくれた子供にも見えますが、兄やんの癇癪には触れても、彼にはどこか人の心の奥にあるおかしみをくすぐる独特の愛嬌があったようです。房太郎を嫌う人がいても、それ以上にとりなしてくれる人もいて、勉学の手ほどきを受けることができました。

江戸時代の名残が濃い明治初期、戸籍に「華族」「士族」「平民」と身分が表記されていたこの時代に、庶民の子が高等教育を受ける機会はまずありませんでした。まして、房太郎は大庄屋の家に生まれたとはいえ、兄の厄介になっている身の上です。学問といっても、近所の寺の住職から読み書きを習うしかありません。房太郎は、実家のすぐ近く、水劔という字にある融通念仏宗道音寺（現・鶴見区放出東）に通い、長岡住職の教えを受けました。当時の学問は、四書五経と呼ばれる中国の古典を読みこなす漢文の能力を問うものです。房太郎には言葉に対する抜群のセンスがあったのでしょう。また、今までの読書の積み重ねもありましたので、住職が目を見張るほどの上達ぶりです。

「私が教えてあげられることは、もうあまりないようだ。どうだろう、大橋君。せっかく時間を割いて学ぶなら、よき師を選ばないといけないね。幸い隣村の天王田《てんのうでん》に江村秀山先生がいらっしゃる。紹介してあげよう」

放出から西へ街道沿いに一四〇〇メートルほど行ったところに善福寺（現・城東区天王田）というお寺があります。この寺の住職江村秀山は、浄土真宗の僧としてだけでなく教育者として大阪では名を知られた人でした。当時、西船場阿波座にあった大阪市立廣教小学校（現・西区立売堀《いたちぼり》、阿波座センタービル）の校長を務めています。さすがにその学識は深く、単に古典の

阿波座センタービル（西区立売堀）。市の公共施設として使用されている

廣教小学校跡地に立つ記念碑。もとは廣教寺という寺院の敷地だった

字句を読み下すだけでなく、その歴史的な背景から言葉の奥深い意味や、著者がたどった人生や過酷な運命にいたるまで、問われて答えられぬことはないという博識でした。その言葉には、つねに人としての生き方や社会との関わりなど、人生の指針が含まれていて、聴く者の心をとらえて深く揺さぶるものがあります。房太郎は、夜が更けるのも忘れて、江村師に問い、その答にいちいち大きな頭を振って頷き、頷き、「もっと、もっと」と求めてやむところがありません。

「見たところ子供のような背丈で、がむしゃらな性格のようだが、あの目の光は尋常ではない。ふむ、大成する器であるかもしれん」

江村師も、忙しい身であるにもかかわらず、房太郎が通ってくるのを楽しみにするようになりました。

そんな日々が二年余りも続いた頃です。

「大橋君、一日中身を粉にして働いて、その後、夕食もそこそこに通ってくる君の一生懸命が、いつまで続くものかと試すような気持ちもあったのやが、どうも君、ほんもののようだな。この村落に埋もれさせておくのは惜しい。どうや、教育者にならんか」

「ええっ、僕がですか。先生に！」

「そうだ、君を見込んでのことや。わしの下で教師の見習いを始めてはどうか」

房太郎は、夢かと驚き、喜びました。尊敬する江村師のかたわらで働くことができるのです。

「ありがとうございます！　がんばります。一生懸命にやります」

濃い眉毛の下に光を放つ、特徴のある窪んだ目から、たちまち涙が溢れ出します。大粒の涙は、短い膝の上でぐっと握り締めた拳を、ほとほとと濡らします。その興奮を少しなだめてやるように、江村師は言葉を続けました。

「一生懸命は、よくわかっておる。だが、教職を志して選んだ者は、多士済々だ。君以上に血の気の多い者もいる。意見や考えが違うからといって、突っかかったり、議論を挑んでやり込めたりしてはいかん。なぜなら、君と違う意見を持つ者は、君に新しい考えを示してくれる者だ。すなわち、師である」

わかるな、と念を押すように房太郎の顔を覗き込みます。

「はぁ……」

二年余り通ううちに、江村師は房太郎の人柄をすっかり呑み込んでしまったようです。心の中を見抜かれたような気恥ずかしさに、房太郎は、肩をすくめて小さくなってしまいます。

「それからな、子供たちもまた、師であるぞ」

さらに意外な言葉に驚く房太郎に、頷いてみせると、江村師は言います。

「子供たちの中には、君の体が小さいことをあなどって、言うことを聞かない者もおるだろう。授業中に騒ぐおっちょこちょいもおる。目に余ることは、叱ってやりなさい。君の大声で、奴ら肝を冷やすだろう」

ふっ、ふっ、ふぅ、と愉快そうに笑い、あんまりムキになるなと笑顔を向けてくれました。

「生徒は教師の鏡や。教師が尊敬されないのは、生徒が悪いのか？　己に足りぬことはないのか？　反省することはないのか？」

もう一度、房太郎の顔を覗き込むようにして、江村師はいたずらっぽい笑顔を浮かべました。

「大橋君、君は私の鏡だね。どうかな、私に足りないところはあるかね？」

「いえっ、そのような畏れ多いこと……。江村先生あっての僕です、大橋房太郎です。僕は、先生の教えを守って……」

「大橋君、新しい時代には、新しい学問が必要だ。君が、この明治の世に身を立てるには、新しい知識がいるのだ。私が教えたことを恩と思うなら、私を超えよ」

かくて、明治十五年五月一日付けで辞令が下されました。大阪市立廣教小学校授業生、大橋房太郎。

授業生は、ドイツの制度に倣って、経済的事情から高等教育を受けられない若者を、正規の教員を補佐する補助教員として採用するものです。のちには代用教員と呼ばれるようになりました。昼間は学校の仕事を手伝って僅かの給料をもらい、夜は夜学で勉学を続けるのです。江村師は、房太郎に仕事を与えただけではなく、さらに勉強を進めてゆく機会を授けたのです。

新米先生の日々

こうして、房太郎は人生の新しい一歩を踏み出しました。世間の目から見れば、ひよっこが補助教員の職を得たに過ぎません。しかし、房太郎にとっては、鳳の雛が巣を出て、天空に羽ばたきだしたような壮大な気分です。正月か祭礼の日にしか身に付けない紋付・袴に身を整え、小さな体を精一杯に反らして、下駄で地面を蹴っ飛ばすような勢いで大阪府西区の職場に向かいました（西区が発足したのは明治十二年＝一八七九です。この当時は、まだ大阪市は存在せず、大阪府西区と呼ばれていました。大阪市が発足したのは市町村制度が導入された明治二十二年のことです）。

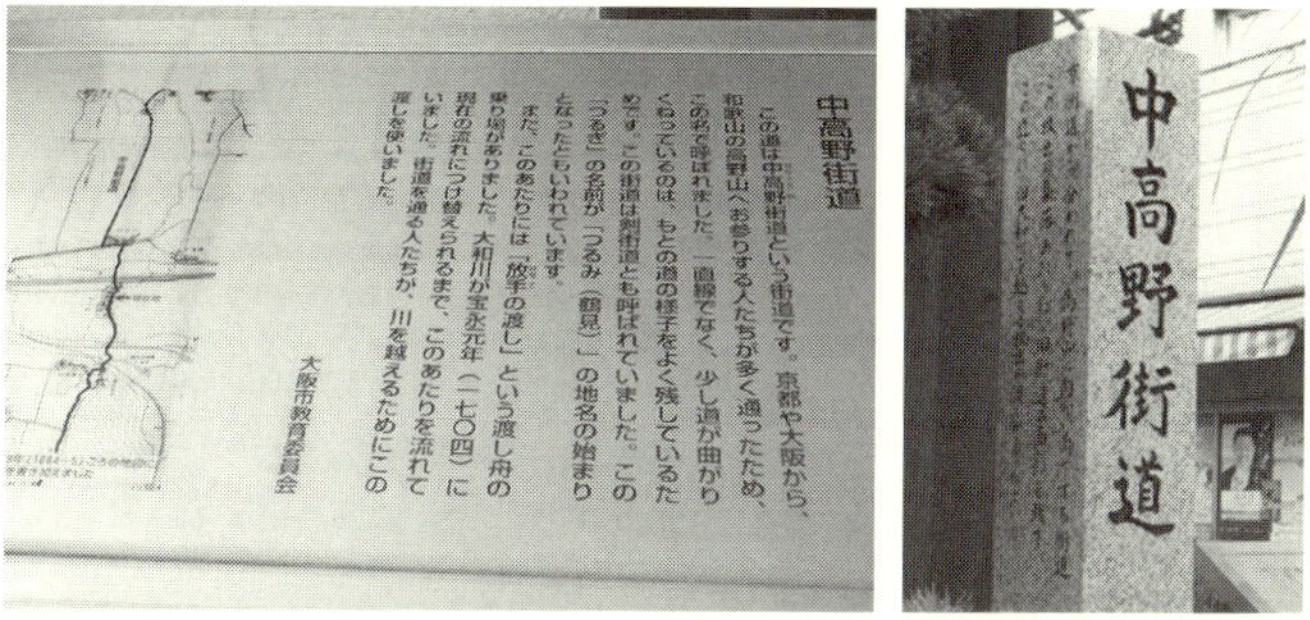

正因寺の前にある中高野街道の石碑（鶴見区放出東）と石碑に添えられた銘版。中高野街道は、かつて放出付近で寝屋川に合流していた旧大和川沿いの道だった

今でこそ、放出界隈は大阪市内の住宅密集地ですが、明治の頃はまだ大阪近郊の農村に過ぎません。移動の手段は徒歩しかなく、小さな蒸気船が八軒家浜（天満橋南詰めの西側にあった大川沿いの船着場。京下りの船で賑わいました）に通っていましたが、庶民が日常の足として使えるものではありません。大阪の中心地、それも海に面した開港場のある西区に出かけるのは、ちょっとした旅行でした。

まだ夜明けまで間のある時間に、星明りを頼りに家を出た房太郎は、中高野街道を南に向かい、辻を西に曲がって天王田村に向います。二年余り通いなれた善福寺に続く街道です。寺の前を過ぎて天王田の集落を離れると、やがて鴫野《しぎの》村に。鴫野は、その西側を流れる猫間《ねこま》川《がわ》に接しています。鴫野橋という橋を渡って猫間川を越えると、大阪城の東側の広大な空き地に出ます。ここは城東練兵場といって、陸軍の兵士の演習場でした。房太郎も子供の頃、胸に肋骨のような飾りを付けて、とんがり帽子をかぶった洋装の兵隊さんが珍しくて、教練を覗きに行った覚えがあります。大阪鎮台がある本丸の石垣を左手に見ながら、川沿いの道を西に歩くと、間もなく天満橋の南詰めを過ぎて八軒家の浜に着きます。この付近で、淀川は寝屋川、猫間川と合流して大川と名を変えます。その名のとおり、向こう岸の天満の浜は二二〇メートルも彼方、朝靄の中では霞んでぼんやりとしか見えません。

ここからは、いよいよ大阪の中心地です。ようやく白み始めた夜明けの空を背負って歩く房太郎の目に、びっしりと軒を連ねる大小の商家と、縦横に碁盤の目のように走る街路がはっきりと見えてきました。見渡す限り、果てしなく続く甍《いらか》の黒々とした広がりに、房太郎は思わず足を留めて見入ってしまいます。村で瓦屋根の建物といえば、庄屋の家とお寺しかありません。房太郎の生家も母屋は瓦葺でしたが、こんなにたくさんの建物が、すべて瓦で葺かれている光景は、初めて見ました。

「さすがは天下の台所やなぁ。どンだけの人が、この町に住んでるンやろ」

もっと驚いたのは、目抜き通りの高麗橋通りに電信柱が建てられて、電線が架設されていたことです。高麗橋の橋詰にある電信局と鎮台の本営や堺筋など市内の中心部を結んでいるのです。手紙に書かなくとも、符号に変えた言葉を、電線を通して一瞬で帝都まで届けることができると、江村師から教わりました。こんな細い線を使って、遠く離れた人に言葉を伝えるのには、どんな魔法を使うのでしょう。

「文明や、文明。すごいなぁ」

そろそろ早起きの雀の声に混じって、店の前を掃き清めて水を打つ丁稚さんたちの箒の音が耳に入ってきます。商都の朝です。しかし、房太郎の通勤は、まだ道のり半ば。電信局の前にある、欄干に大きな灯籠を据えた高麗橋を渡って東横堀川を越し、北船場に足を踏み入れます。

この付近には天王寺屋、平野屋、三井越後屋など大店が並び、角から角まで間口が五〇メートルもある、信じられないような大きさの建物が次々と現れます。なかでも、鴻池の本家では、家の庭に鶴を飼っていると聞いていました。一筋北の今橋通りに足を運んで、鴻池邸の前でおそるおそる中を窺っていると、玄関先に水を打っていた丁稚が、房太郎の足元にざぁっと水をかけてきました。

「なにをするんやっ、無礼者！　わしを誰やと思てるンや。放出の大橋や、大橋房太郎やぞ」

「へっ、放出やて、えらい田舎もんや。放出では、こんな小さい奴が大きな顔してくさるンか」

なんやとぉっ、と拳を固めた瞬間に、門の内で「コオゥ、コォッ」と甲高い鳥の声と羽ばたきの音が聞こえてきました。

「あっ、ほんまに鶴がおるんや。すごいなぁ、すごい」

房太郎は、チビ呼ばわりされた怒りも忘れて、すっかり感心してしまいました。アホか、田舎もん、と毒づく丁稚に目もくれず、大きな頭を振り振り、房太郎はまた西へ向います。

上＝史蹟適塾。内部も丁寧に保存され、資料とともに公開されている（中央区北浜）
中＝大阪市立愛珠幼稚園。適塾と背中合わせに建つ
右＝懐徳堂舊趾碑。適塾とならぶ幕末期の大坂の文教の拠点。日本生命本社ビルの壁面に石碑が残る

緒方洪庵の適塾と背中合わせの幼児教育所「愛珠幼稚園《あいしゅ》」は、武家屋敷のような造りです。まだ閉じている大きな門の前を過ぎ、心斎橋筋、淀屋橋筋を横切って西横堀川を尼崎橋で渡り、四ツ橋筋に出ると、そこは西船場です。左に曲がって四ツ橋筋を南へ下ります。江戸堀、京町堀、阿波座堀と、西横堀から分かれる水路を次々に渡ってゆきます。阿波座堀川を南に越えてすぐの道を、また西へ曲がって堀川沿いに行くと、今度は阿波座堀川からL字状に分かれた短い水路「薩摩堀川」を渡って、ようやくゴール。廣教小学校にたどり着きました。約八キロメートル、二時間余りの道のりでした。

廣教小学校は、廣教寺というお寺を兼ねています。八の字に開かれた山門の内外には、すでに多くの人が立ち働いていました。少し遠くで明け六つの鐘が聞こえるのは、東本願寺南御堂のものでしょうか。重なるように遠近《おちこち》で鐘が響くと、かぁーんとすぐ目の前で高い鐘の音が打ち鳴らされ、かんかんかぁーんと短く連打されます。廣教寺の朝の勤行を告げる鐘の響きでした。

「頼もう、頼もうぅぅぅ！」

鐘の余韻も叩き割るような房太郎の大声に、周りの人々は一瞬、凍りついたように作業の手を止め、立ち尽くします。

「放出村の大橋、大橋房太郎。只今、参上いたしましたぁ。お出合いくださぁい」

芝居がかった口調で叫びあげると、人々は顔を見合わすばかりで、返事もありません。しかたない、もう一声張り上げようと息を吸い込んだとたんに、大橋君、待っていたよ、と門の内から静かな声が流れてきました。

「あっ、江村先生。大橋です、房太郎です」

「さっきから聞こえているよ。よう来た。入りなさい」

はいっ、と返事して江村師の後を付いて前栽を横切り、玄関で袴の裾を払うと、バサバサと泥が落ちます。仙台平の袴は、砂埃の上にさっきの鴻池の丁稚に掛けられた水でごわごわに固まっていました。今朝、おろしたばかりの桐の下駄は鼻緒もねずみ色に染まり、歯は目に見えて減っています。

「こらァ、週に二回は下駄の歯を挿げ替えなあかンなぁ」

「おいっ、大橋君、遠慮するな。上がってきなさい」

はぁーぃ、と大声で返し、房太郎はバタバタと駆け上がりました。

毎日、旅行に出かけて、夜遅くに帰宅するような生活が始まりました。往復四時間の道のりが長いというだけでなく、言葉も文化も異なる土地に出向いて生活する日々は、まさに異国への旅に違いありません。廣教小学校のすぐ西に浮かぶ江之子島には、大阪府庁がそびえていました。真ん中に塔のある二階建ての洋館は、御堂さん（本願寺）の屋根よりも高く、羽を広げ

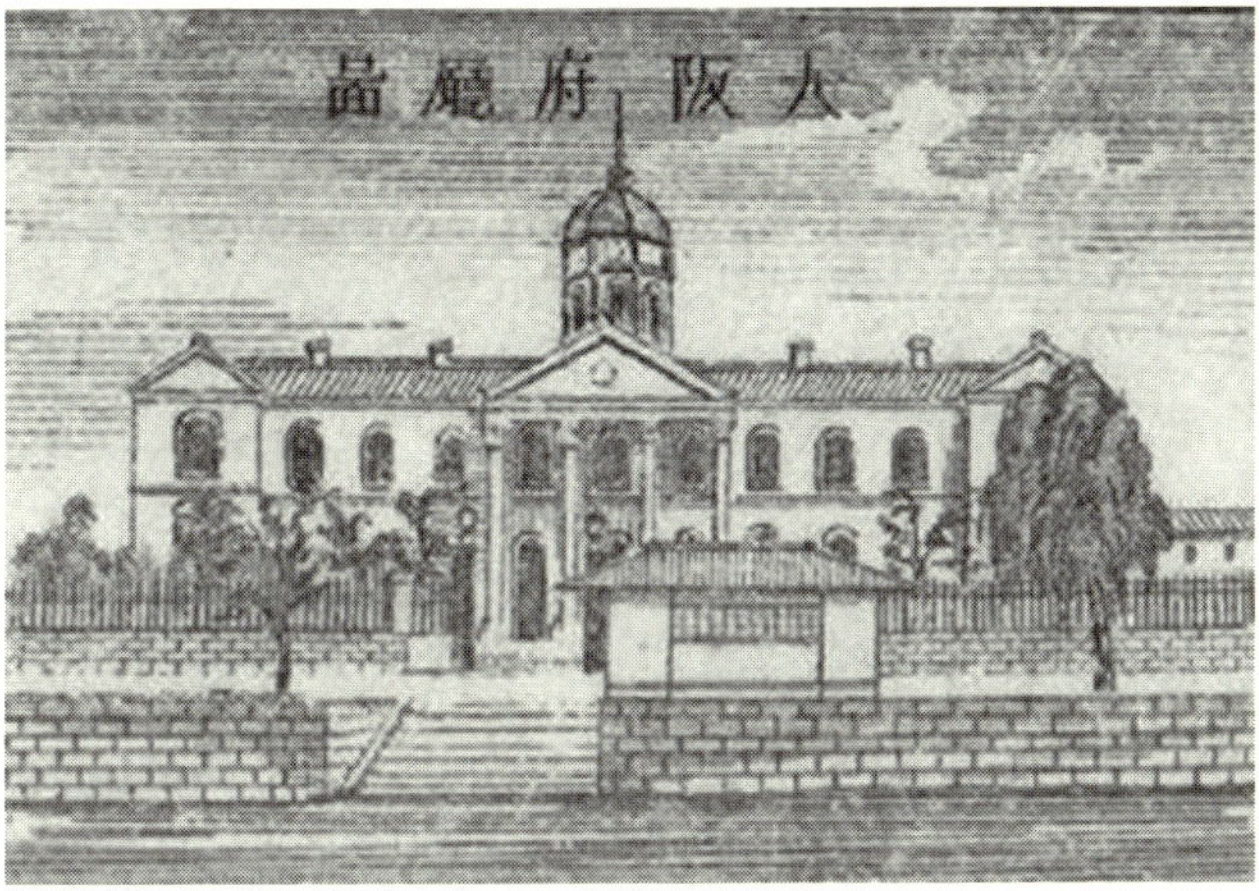

大阪府庁。明治十五年発行地図の挿絵（森琴石・作）

た大きな島の姿のようです。江之子島の西の川口は外国の商館や外国人の住宅ばかりが立ち並ぶ居留地です。周囲には横文字の看板が取り付けられた商社や、「○○商会」「△△洋行」といった名前の日本人の商店も多く見かけられます。洋装の人々が、革靴のかかとで鋪道を打ち、ステッキの音を響かせています。人力車の轍《わだち》の音、時には馬車が通ることもありました。

開港場は、夜になっても人通りが絶えず、常夜灯の明りが水面にきらきらと踊っています。房太郎が聞いたこともない国訛りで話す人々がざわざわとさざめき、鼻にかかった外国語も聞こえてきます。外国船が入港すると、袴のように裾の広がったズボンに、大きな襟を背中まで垂らした外国の船員が町に出て、歩き回ります。房太郎より頭ふたつ分も背の高いセーラーたちは、瞳の色が青や灰色で、髪の毛の色もさまざまです。時には蒸気船の巨大なマストが、府庁の屋根の向うをゆっくりと横切ってゆくのが、廣教小学校の窓越しに見えました。石や木煉瓦を敷き詰めた町には、潮の香りとオイルの匂いが立ち込めていて、海を初めて見た房太郎には、何もかもが不思議でめずらしいものばかりでした。

子供たちを教え、雑務をこなし、その合間あいまに房太郎は校長室を訪ねました。教えを乞うためです。でも、江村師は、宗教家としても教育者としても多忙を極め、来客が絶えません。せっかく先生の近くにいて、いつでも教えをいただけると思っていたのに、ずいぶんあてが外れてしまいました。ある日のこと、房太郎は終業後に校長室へと急いでいました。家庭の事情で授業に出られず、勉強が遅れている生徒の面倒を見るのに時間をとられてしまったのです。房太郎は焦っていました。江村師は、日暮れ前に学校を出ます。その前につかまえて、漢籍のわからないところを質しておきたかったのです。走りながら廊下の角を曲がったとたん、ドンと衝撃を感じ、ひっくりかえってしまいました。

ギャルソン　アタンション！　Garçon, Attention!（小僧、気をつけろ！）

驚いて見上げると、赫ら顔に金色の髭をたくわえた太った大男の外国人のそばで、背の高い外国人の若い男が両手を腰にあてたまま房太郎を上からにらみつけています。房太郎がぶつかったらしい太った外国人は、若い男を手で制すると、ゆっくり振り返って見送りに出た人々と話し始めました。
Nous les rapporterons à notre gouvernement.（政府に報告しよう。）
Nous avons adopté le système scolair Francais. Et alors, la constitution et l'Assemblée nationale.（我々はフランスの教育制度を採用した。次は、憲法と議会だ。）
澄んだ高い声が部屋の中から響いてきます。
C'est la république?（共和制だね？）
D'accord! La république.（そのとおり！　共和制だ。）
C'est bon. Très bien.（結構だね。すばらしい。）
赤ら顔の外国人は、右手を差し出しました。部屋の暗がりの中から、外国人たちとさほど背丈の違わない細身の若い男が歩み出て、その手を取ると、ゆっくりと上下に振ります。
Au revoir.（では、また。）
Mon bon souvenir à docteur Boissonade en Tokio.（東京のボアソナード博士によろしく。）
ふたりの外国人は、廊下に倒れたまま呆気にとられている房太郎に目もくれず、靴を踏み鳴らして玄関に向います。書生のような若い男が、腰を屈め、急ぎ足で先導して行きました。それよりも、房太郎は校長室の前に立って見送っている若い男に目を奪われていました。
「君、僕がそんなにめずらしいかね」

「あっ、やっぱり日本人や」

フロックコートを着こなし、流暢な言葉で外国人としゃべるこの男は、いったいどこの国の人間だろうかと不思議に思っていたのです。

「日本人だよ、僕は。カワヅ、河津祐之だ」

房太郎は、あわてて投げ出した短い足をたたみ、廊下に正座しました。

「カワヅ　スケユキ……」

聞き覚えのある名前です。

「なんだな？　騒がしいと思ったら、やっぱり君か」

江村師が、校長室から姿を現しました。若い男に向き直って、丁寧に頭を下げると、言葉を選んで話しかけます。

「失礼がございましたか、河津博士。これは廣教小学校の教員で大橋房太郎君です。勉強熱心な青年ですが、なにぶんにも粗忽者でして、ご迷惑をおかけいたします」

「あぁ、いや。お気遣いなく」

「大橋君、この方は、大阪控訴裁判所（現在の大阪高等裁判所と大阪地方検察庁を兼ねた役所）の検事長で、法学博士の河津祐之先生だ」

「カワヅ……あっ、思い出した！　河津祐泰や、曾我兄弟の仇討ちや」

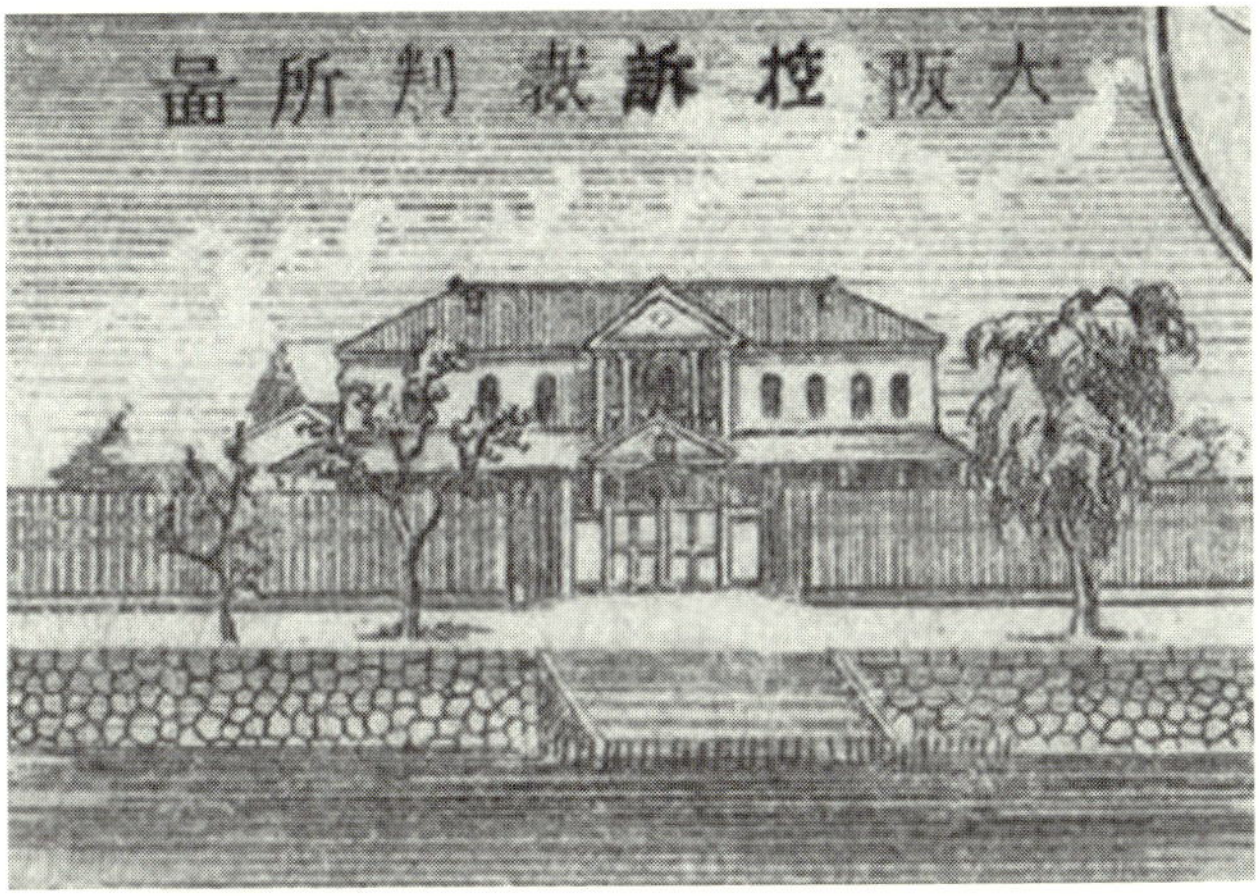

大阪控訴裁判所。明治十五年発行地図の挿絵（森琴石・作）

房太郎は、思わず腰を浮かせて叫びました。村に来た芝居の一座の演し物「寿曾我対面」で、非業の死を遂げる曾我兄弟の父親の名前が河津祐泰だったのです。

河津博士と江村師は、房太郎の突拍子もない大声に思わず顔を見合わせました。

「大橋君といったかな、君は芝居が好きなようだね」

「はいっ、大好きです。村には時々、旅回りの芝居が来ました。何をおいても駆けつけておりました」

紋付、袴で廊下に膝をついたまま、大声で話し続ける房太郎がよほどおかしかったのか、河津博士は色白で端正な顔を崩して、くすっと笑いました。

「僕は祐之だよ、その河津祐泰の末裔だ。もっとも、僕は婿養子で血はつながってないがね」

「へえーっ、すごい」

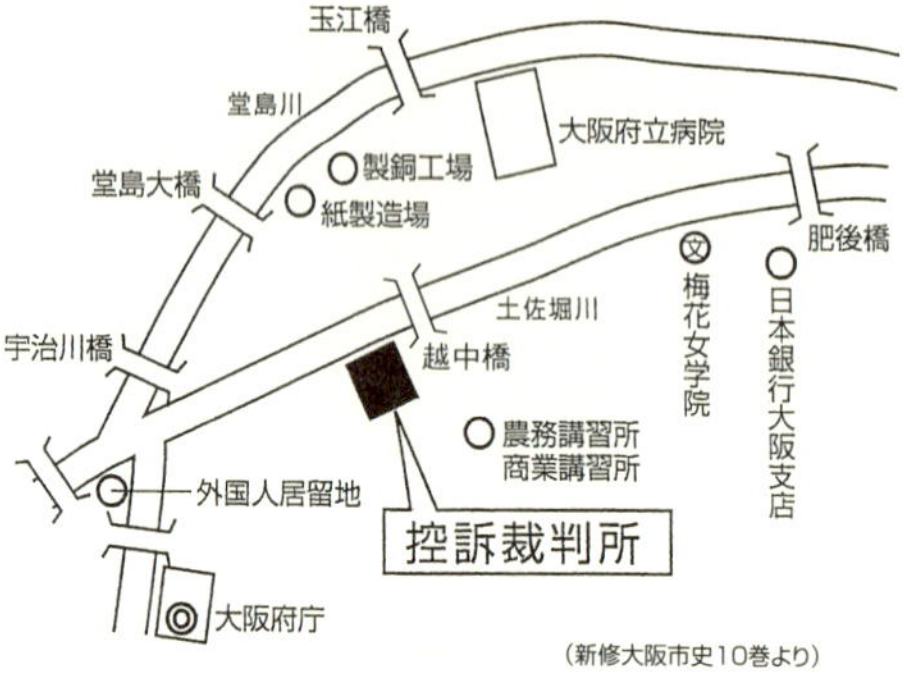

（新修大阪市史10巻より）

鎌倉の頼朝公に仕えた御家人の子孫が、フランス語を自在に操る法学博士とは、世の中はなんと広いのだろうと、房太郎は大きな頭を振って感心することしきりです。

「君は教員をしながら勉強を続けているんだね。何を学んでいるんだろう」

「はいっ、江村先生に付いて漢籍を勉強しております」

「ふぅん、漢籍か。それは、これからの日本に役立つ学問だろうか」

思いがけない質問に、房太郎は面食らいました。自分の学んでいる学問が、国の役に立つかどうかなど、考えてみたこともなかったのです。

「日本には、まだ憲法という大切な法律がない。国の立ち行く道を決める国会も開設されていない。国民が自分たちの法を作り、自ら守り、君主であっても法に従う。それが真の国家だ。諸外国と肩を並べ、対等の立場を得るには、まず憲法、そして国会だ」

河津博士の役者のような白い顔が、赤みを帯びてきました。

「しかし、惜しいかな、この国にはまだ法を学ぶ者が余りに少ない」

憤って言葉を詰まらせた河津博士の後を引き取って、江村師が続けます。

「大橋君、河津博士は十八歳で大学南校（東京帝国大学法学部、文学部の前身）の助教となられ、フランスの都パリの大学に留学されたんや。法律や政治だけでなく、教育の制度も学んでこられた。幼稚園や小学校というものができたのも、河津先生の進言が大きい」

房太郎は驚くばかりです。まだ若い人なのに、ご維新の初めから国の大きな仕事を動かしてきたというのです。

「この国は、まだ形が決まっていない。決まらないまま、政治家が自分たちの好きなように国を動かしている。だから列強から馬鹿にされ、不平等な条約を押し付けられ、貿易も相手の言うままに関税を払わされているんだ。このままでは、日本は大国の餌食になり植民地にされてしまう。一刻も早く、憲法を制定し、国会を開設し、国民が国を動かす近代国家となって ancient régime（アンシャン　レジーム、旧体制）を打破するんだ」

静かな声に激しい情熱をこめた河津博士の言葉に、気圧されて頷くこともできない房太郎です。

「君っ、大橋君。君は法律を学び、この国を作ってゆく覚悟があるかね」

否という言葉を許さない気迫です。

「どうかっ！」

はいっ、とよくわからないままに、勢いで返事をすると、「よしっ」と頷く河津博士の顔色がすぅっと白く戻ってゆくのがわかりました。

「大橋君、私の主催する法学舎への入門を許す。場所はこの近く、江戸堀だ。授業は日曜日以外、毎日ある。来たまえ」

廊下に土下座したままの房太郎を残して、江村師に目礼すると、河津博士は去ってゆきました。

放出から居留地まで

①放出

②八軒家浜　天満橋南詰めのやや西よりの川沿いに、伏見下りの商人を宿泊させる宿が八軒並んでいたのが地名の語源だとも言われている。現在も観光船の船着場として使われている。

③鴻池邸　現在は大阪美術倶楽部として、美術品や芸術作品の展示会場になっている。

④適塾　日本で初めて種痘を行った緒方洪庵が多くの門弟を育てた蘭学塾。洪庵は適適斎

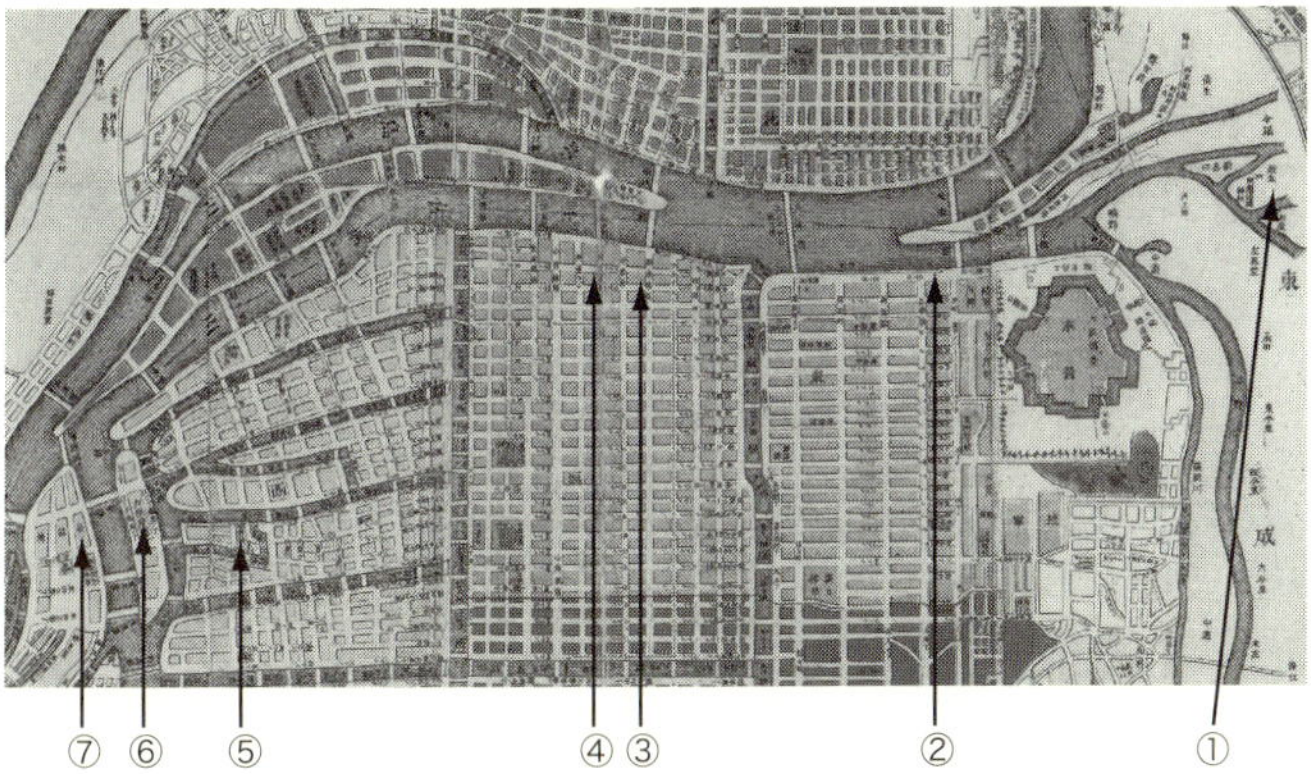

の号を名乗っていたので、その私塾は適塾と呼ばれた。現在の大阪大学医学部の前身にあたる。

⑤廣教小学校　薩摩堀に面する廣教寺の境内に設けられた小学校。明治小学校に統合されたが、跡地の阿波座センタービル内に分校が残されている。

⑥大阪府庁　明治政府は大阪の開港場を貿易の重要な拠点と考え、隣接する江之子島に府庁を構えて、西区を官庁街とした。江戸時代は大坂城の近くに東西の奉行所を集め、武士の役宅も並んでいたが、この地域は陸軍の拠点「鎮台」となった。

⑦川口居留地　安治川河口の二十六区画は、外国人専用の居留地として賑わった。しかし、明治十八年の水害後は、流れ込んだ大量の土砂のために大きな船が接岸できなくなり、水深が深い神戸港にその地位を奪われてしまった。

前頁地図中の③旧鴻池本宅跡に建つ「大阪美術倶楽部」。近代建築に建て替えられており、往年の面影はない。現在は、ギャラリーや展示会場として運営されている

③ビルの南東角、大阪美術倶楽部の石柱の後ろに隠れるように、旧鴻池家本宅跡の石碑が設置されている

②現在の八軒家浜。大川を巡るさまざまな観光船の船着場として賑わっている

第二章　法律家をめざして

大阪法学舎

江村師の強い勧めもあって、房太郎は法学博士にして大阪控訴裁判所検事長、河津祐之が主催する「大阪法学舎」に入門することになりました。法学舎は、江戸堀二丁目の民家を借りて開講する小さな私塾です。廣教小学校にも近く、房太郎の通勤路の途中にあって好都合なのですが、学校の授業を終えて夜学に通い、さらに放出まで戻って、またあくる朝の夜明け前に家を出るとなると、とても体が持ちません。そこで、廣教小学校の近く、江之子島と中之島を結ぶ寄吉橋《さきよし》近くの岡田きくという未亡人に下宿をお願いしました。下宿代が一日一〇銭として月に三円でいかが、というのを日に八銭で月額二円五〇銭に値切りましたが、代用教員の給料が六円ですから大金です。ただ、やりくりは苦しくとも、房太郎は満足でした。自分の時間を勉強のためにあてることができる……、この新しい日々に胸をときめかせる毎日でした。

河津博士は、法学者モンテスキュー男爵の「法の精神」を手本として、法とは何かをいちから説きます。

「諸君、法とはなにか。法は万物、自然の成り立ちを明確な言葉で示したものだ。天を仰げば太陽、月、星の運行は法に従っている。地に目を移せば、植物は季節に従い芽を吹き、花を咲かせ、実を結ぶ。人もまた、法に従い、男女は添うて子をなし、これを育て、次の時代を託する。自然の流れに従って法を守り、社会を営むのが私たち人間だ」

「法を学ぶ者は、天地の理を学ばねばならぬ。人が守れない法があったなら、その法が間違っていると知れ。ただ、誰しもが守れる法、すなわち人を殺すな、傷つけるな、人の物を奪うな、弱いもの、老人、病人、女性、子供を大切にせよというような基本的な法を犯す者には厳格に臨まねばならない」

「国の主は誰だ? roi（ロワ、国王）でも président（プレジダン、大統領）でもない、国民だよ。世襲の国王にせよ、élection（エレクチオン、選挙）で選ばれた大統領にせよ、国民の意思を代表する国の象徴でしかない。国王も大統領も、国民と同じように法に従うのだ」

「国民が法を作り、すべての国民がこれに従う。国民が、国民自身の手で、国民を統治する。それが政府だ。そして、政府の目的は、国民の幸福で安全な生活を保障することなのだ」

まるで白刃で斬り込んでくるような河津博士の言葉に、生徒たちはしんと静まり返って、帳面をとる手も止まってしまいます。

ふたりめの先生、まだ二十代の若い渋川忠二郎先生は、柔らかなくせ毛が額にかかった穏やかな青年です。大阪控訴裁判所の判事ですが、十四歳で戊辰戦争に従軍したという経歴を聞いて、房太郎は驚きました。心の底に激しいものを秘めているのでしょう。でも、普段は米子訛りを気にしてか、口数が少なく真面目な印象を受けます。ただ、生徒たちと年が近いせいもあって、時に授業が脱線して、フランスのリヨンで学んでいたときの暮らしに話題がおよぶこともありました。

渋川忠二郎（1854〜1925）
出雲国松江藩出身
（関西大学年史編纂室所蔵）

「フランスの平民の生活は、質素なもんじゃが。朝飯は、小麦粉を水で練って窯で蒸し焼きにしたパンという食べ物と、カフェオレという飲み物だけですます。まぁ、握り飯と味噌汁のようなもんかの。パンは外は硬いが中はちょっこし柔らこいのぅ。カフェオレちゅうのは、カフェという豆を炒って煎じた真っ黒い飲み物に牛の乳を混ぜたもんじゃが。泥水のような色をしとるけど、まずくはないぞ」

そして、もうひとりの先生は……。

小村寿太郎（1855〜1911）
日向国飫肥藩出身（『幕末・明治・大正回顧八十年史』東洋文化協會より）

「おい、今日はねずみ先生じゃ」と他の生徒たちが話しているのを聞いて、房太郎はびっくりしました。

「あのぅ、ねずみ先生というのはどういう人ですやろ。チュウチュウ言いまんのか」

「なんやそれ、チュウチュウ鳴く人間がおるかいな。見たらわかるわ」

不審な面持ちで、帳面を開いて待っていると、ぱたぱたとせわしない足音がして、子供のような背丈の人が入ってきました。

「あっ、小さい」

房太郎は自分も背が低いのを忘れて、思わず声を上げました。房太郎の身長は一四五センチ、たぶん同じくらいでしょう。髪の毛をぴっちり撫で付けて、鼻の下にもさもさと大きな髭をたくわえているのが、ひどく不釣合いに見えます。フロックコートは擦り切れて色褪せ、もとは黒かったのでしょうが、今ではすっかりねずみ色。

「あれがチュウチュウ、いやねずみ先生でっか」

思わず隣の席の生徒に話しかけると、しーっ、とたしなめられました。

「小村寿太郎先生や。姿はあれでも、大学南校では渋川先生、東京の鳩山和夫博士と並んで三羽烏と呼ばれた秀才や。若いけど渋川先生と同じく裁判官やぞ」

小村寿太郎先生は、九州の飫肥《おび》の出身です。河津博士や渋川先生と違うのは、留学先がアメリカだったことです。

「君たち、日本はこれから欧米列強に追いつき、追い越さねばならないが、まずはどの国を手本にしようか。欧米の国々といっても、決して同じ水準にはない。ロシアやプロシアなどは、軍事力はあるが前時代の帝政を守っている。他の国々も、憲法や国会などを設けて国民の権利を保障してはいるが、王制を敷いている。国王を廃して共和制を実現したのはフランスだけだ。それも、安定せず、政変が絶えない。唯一、最初から国王をもたない国は、アメリカだ」

「アメリカの国民は自分たちの代表である大統領を選挙で選ぶ。これは、フランスの制度に倣ったものだ。任期は四年で、二期までは務められるが、それ以上は立候補できない。選ばれた大統領は国民の前で、憲法を守り、国民に尽くすことを誓う。約束を違えれば、任期の途中でもその職を解かれる。フランスが実現できないでいる真の共和制を完全に実現した国だ」

「僕は、大学始まって以来の官費留学生としてアメリカに渡って、法律を学んだ。そのとき、留学先をアメリカに選んだのは僕と鳩山君だけだ。君たちに、本当の民主主義を教えられるのは、僕と鳩山君、このふたりだけだろうね」

こんな個性的な三人の先生方に、房太郎は「法の精神」を叩き込まれました。夢中で学ぶ毎日が、一年半を過ぎました。明治十六年（一八八三）九月、突然に終わりが訪れます。その日のお昼休み、房太郎は久し振りに江村師から校長室に呼ばれました。

「大橋房太郎、参りましたっ」

「あぁ、お入り」

いつも、父のような優しい顔を向けて下さる江村師が、今日は背中を向けて窓の方を向いたままです。

「大橋君、残念な知らせだよ。法学舎が司法省の命令で閉鎖となった。河津博士はじめ講師の先生方には、転勤の命令が下された。先程、渋川忠二郎先生が直々に知らせて下さった。法学舎には、警官が出向いて封鎖しているようだ。君は、決して近付いてはならん。政府に対する反逆者とみなされるかもしれんぞ」

「えっ、なんでですか?」

「河津博士は、検事長の要職にありながらフランス国と通じ、自由民権運動をひそかに煽動する不穏分子。そうみなされた。検事長室にはサーベルを提げた巡査やのうて、大きな拳銃をぶら下げた憲兵が見張ってるそうや。中からは、東京から来た伝奏官と激しくやりあう河津博士の怒声が庁舎中に響き渡っているそうな」

房太郎は、膝から力が抜け、へなへなと崩れて尻をついてしまいました。

「そんな、阿呆な。なんで、河津先生が反逆者やねん。そんな、阿呆な」

「えェか、大橋君。法学舎の周りをうろつくんやないデ。君にはこれからの未来があるんや。自重せい、えェな」

午後はいったいどうして過ごしたのか、記憶にありません。憲兵、反逆といった恐ろしい言葉が頭の中に響いてきて、河津博士の鋭い怒りの声と、それを打ち砕くピストルの音が聞こえるようで、房太郎はまっすぐ立っていることもできない有様でした。ふらふらと学校を抜け出して、気が付くと、江戸堀の法学舎の近くにまで来ていました。

「河津先生は……、法学舎は……、房太郎の夢は、どこへ行ったンや」

いつの間にか、あたりは日暮れて暗くなりかけています。法学舎の小さな入り口は雨戸が建てられ、くぐりから少し灯が漏れていました。路上には誰もいません。おそるおそるくぐり戸を押すと、すっと開きました。屋内は授業が行われるときと同じように、ランプが煌々とともされ、いつもと同じ景色のようですが、人気はなく、床には土足で踏まれた足跡が荒々しく残されています。房太郎は、胸を不吉な黒い手で鷲づかみにされたような息苦しさを感じました。がらんとした教室を、足音を盗むようにして、隣の教員室に向って歩みます。聞こえるのは自分の胸の動悸と、ランプの芯が燃えるじりじりという音ばかり。口は渇き、喉の奥がひりひりと痛んで、舌が縮みあがるような不快感にたえながら、少し開いたふすまに手を掛けてゆっくりと開きました。

教員室の中も、灯りがともり、目を伏せたままの房太郎には、畳の上に敷かれた赤いじゅうたんの端が目に入ってきました。一歩ずつ前に進むと、じゅうたんの上に置かれた卓の黒ずんだ脚が見えてきます。心臓が首の辺りで脈打っているような苦しさを感じながら、房太郎はゆっくりと目を上げました。

「……誰だい、俺に何か用があるのかぇ」

「あっ、河津先生。ご無事で」

椅子の背にだらしなく体を預け、ゆらゆらと頭を揺らしながらこちらを見返しているのは、間違いなく河津祐之博士です。しかし、床に上着を脱ぎ捨て、はだけたワイシャツの襟にボウタイが引っかかったその姿は、いつもの切れ味鋭い颯爽とした印象とは程遠く、言葉遣いも、今まで聞いたことがないようなくだけた江戸言葉でした。

「誰でぇ、てめぇは」

「大橋です、大橋房太郎です」

「はぁん、大橋だと」

河津先生は、ゆっくりと体を起こし、卓の上に両肘をつきました。その左手には大きなグラスが握られています。グラスの中で揺れている赤い液体は、先生のお好きなvin（ぶどう酒）でしょう。焦点の定まらない目で、グラス越しに房太郎を眺める視線は、伝説の秀才にはとうていふさわしくない、朦朧とした酔眼でした。それでも、真正面から向き合って動かない房太郎の目に、次第に先生の血走った目が表情を取り戻し始めました。

「あぁ、君か。大橋君だったね。みっともねぇところを見られちまったな。ご覧のとおりさ、ざまぁねぇ」

「先生」

「俺はもう先生じゃねぇや。法学舎は不逞のやからの巣窟だから閉鎖しろとさ。薩長の奴等は、直参旗本の俺が徳川の世の中に戻そうという陰謀を企ててると疑ったのさ。大阪で政府に不満を持つ連中を集めて、フランス領事と連絡をとりながらな。馬鹿な奴等だ、てめぇらがやましいことをやってるもんだから、他人も同じに見えるんだろう。そういうのをさ、僻目《ひがめ》ってんだ」

「先生、そんな不当な言いがかりにくじけないで下さい。この大橋は、どこまでも河津先生についてゆきます」

河津博士は、机の上に身を乗り出して、房太郎の顔をじっと見返してきました。秀でた額に乱れた前髪がかかり、切れ長の目が吊上がって、ぞっとするような迫力があります。

「大橋君、君は権力者の執念深さや恐ろしさを知るまい。これで二度目だよ、官を逐われるのは。もう僕と関わり合うな。君には君の道があるはずだ」

ふぅ、と酒臭い息を吐いて、河津博士はグラスをあおりました。

「この酒は、Côte de Nuit というんだ。夜の岸辺という名前だ。今の僕の気分にぴったりだね。さぁ、もう引き取ってくれ。今はひとりになりたいんだ。僕は裁判所を辞めた。法学舎は今日限り閉鎖する。長いお別れだ」

ぶどう酒のビンをつかんで、片肘をついたままグラスに残らず注ぐと、もう河津博士はこちらを見ようともしませんでした。

房太郎は、一礼すると部屋を出ました。ふすまを閉めるとき、自分の大切なものをそこに閉じ込めてしまったような気持ちになりました。

法は人を択ばず——検事・河津祐之の義

河津祐之（一八五〇〜一八九四）は、もとの名を黒澤孫四郎という。大身旗本である本多家に仕える儒者の家に生まれた。月並みな言葉だが、幼少から神童と呼ばれ、十二歳で幕府の洋学研究機関である「蕃書調所」（のちに洋書調所）に採用され、翌年には助教として年上の研修生たちに英語とフランス語を教えるようになった。

明治維新とともに洋書調所は新政府の大学南校に編入されたが、孫四郎はそのまま助教として採用された。翌年には旧幕府の外務官僚だった河津祐邦の婿養子に迎えられ、河津祐之と名乗る。河津は明治六年から約一年半、フランスの教育制度を学ぶため、パリに派遣された。おりしもパリはパリ・コンミューン崩壊後の混乱から第三共和制が確立されてゆく時代だった。沸騰する市民の力とダイナミックな政治の現場に触れたことで、河津は法と政治に目覚めたようだ。

帰国後、河津は教育制度の制定に携わりつつ、多くの翻訳をこなした。しかし、彼の華やかな才能と活躍は、周囲の嫉妬を招くこととなった。外国の人名、地名を日本語に訳すにあたって、原語の発音に近い表記に統一するよう求めた河津の提言に対して、国学や漢学出身の学者たちは漢文に基づいた表記を主張し、さらには河津が幕府の外交官の家柄であることを取り上げて「西洋かぶれ」と中傷する者さえいた。河津は自説を曲げず、このことで文部省を罷免された。

審判を下す正義の女神テーミス。予断を避けるため、目隠しをしている

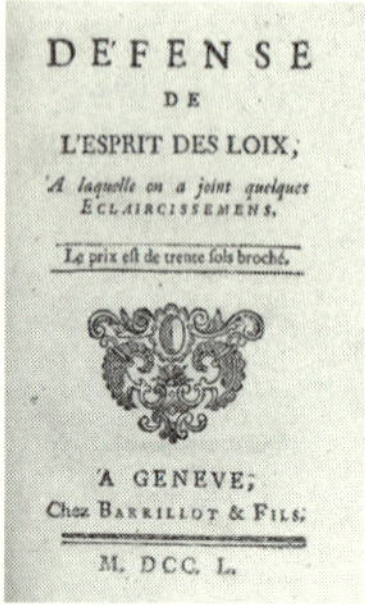
DEFENSE
DE
L'ESPRIT DES LOIX,
A laquelle on a joint quelques
ECLAIRCISSEMENS.
Le prix est de trente sols broché.
A GENEVE,
Chez BARRILLOT & FILS.
M. DCC. L.

「法の精神」（1748年刊行）。著者はシャルル・ルイ・ドゥ・スゴンダ、称号はモンテスキュー男爵である

一方で河津の才幹と人物を買う人もあり、一年余り後には法務官僚として復帰する。元老院大書記を経て大阪控訴裁判所の検事長に在任中、大阪法学舎を設立して民間の法律家を育成すると共に立憲政党の幹部として憲法の制定や国会の開設に提言を行った。しかし、自由民権運動を反政府活動として危険視する政府首脳の目には、フランス留学時代から中江兆民や福地桜痴との親交が厚い河津は目障りだったのだろう。明治十六年（一八八三）に法学舎の閉鎖と名古屋への転任を命じられた河津は退官する。以後、三年間は大阪を中心に民権運動家として活躍した。

この時期の政治の速度は想像を超える速度で進む。明治十九年に司法大臣山田顕義は河津を東京に呼び戻し、司法省刑事局長に任命する。憲法を制定し、選挙による民会を召集し、三権分立による近代国家の形を目指す方向が定まると、河津の考え方は時代に合致した穏当な思想とみなされるようになったのである。

しかし、ここでも河津は反骨を示した。明治二十四年（一八九一）巡査がロシア皇太子を路上で襲撃したテロ事件「大津事件」である。被告の津田三蔵を国家、皇族に対する反逆である大逆罪で起訴して政治決着を図ろうという首脳部に対して、「法はすべての人に対して厳格に平等である」とする河津は傷害・殺人未遂罪での起訴を主張した。「法は人を択ばず、唯その罪を裁く」という。これにより、河津の法務官僚としてのキャリアは終わった。函館への左遷命令に対して赴任を拒否、退官する。

その後、思想的に近い土佐出身の後藤象二郎の援助で逓信省に移ったが、健康を害して明治二十六年に退官。翌年に死去した。四十三歳、時代とともに疾走した人生だった。

法学舎の解散後、三人の講師の進路は分かれた。

河津祐之は藩閥政治への反感を強め、選挙による国民議会の開設、政党政治への移行を目指す自由民権活動家として活動を始める。

小村寿太郎は司法省に残ったが冷遇され、ようやく明治十七年に陸奥宗光に才能を見出されて、外務官僚として歩み始めた。日清、日露戦争にあたって、特異な才能を発揮したのは歴史に明らかである。

渋川忠二郎は、河津と共に裁判所を辞めたが、法学舎を「明法館」と改めて、その事業

右から、井上操（1847〜1905）、児島惟謙（1837〜1908）、手塚太郎（1862〜1932）。井上は大阪控訴院評定官に在任中、関西法律学校の創立に中心的役割を果たす。児島は伊予宇和島藩脱藩後、長崎で坂本龍馬と親交を結ぶ。手塚は東京外国語学校から司法省法学校に進む。手塚治虫の祖父（中央＝国立国会図書館蔵，右・左＝関西大学年史編纂室所蔵）

を継承した。

さて、明治十九年に大阪控訴院評定官として赴任した井上操は、所長児島惟謙や大阪始審裁判所に任官したばかりの手塚太郎など司法関係者と諮り、裁判所に近い大阪府西区京町堀の願宗寺の一部を借りて、関西法律学校を創設する。渋川忠二郎の明法館はそこに合流した。

関西法律学校は、代言人（弁護士）の養成から、関西における法律教育の中心として発展してゆく。現在の関西大学の前身である。

公務員が現政権に批判的な民間の法律家の養成にあたるのは、今日の感覚では納得がゆかないことだ。しかし、明治政府はまだ革命政権から脱しておらず、留学によって国際社会の現実を見てきた旧幕府出身の開明派官吏たちは時代をもう一歩進めたいと切実な思いに駆られていた。維新に

西区京町堀にある
関西法律学校跡碑

よって駆逐された旧政権の官吏たちが、新政権の政治家たちよりも進歩的であったのは皮肉である。
児島惟謙は、河津たちが裁判所を追われたときの大阪控訴裁判所長であり、後に大津事件においては、司法が政治判断に揺るがされないという原則を守った。

東京へ

法学舎が閉鎖された後は、生徒の有志が新しい講師を求め、同じ場所で「明法館」と名を改めて法律学校が再開されました。しかし、そのうわさを聞いても、房太郎はそこに通う気持ちにはなりませんでした。廣教小学校で教鞭をとり、夕方には紋付袴にステッキを振り振り下宿に帰る。変わりない毎日から、法学舎での生活が抜け落ちて、房太郎は憑き物が落ちたようになりました。

大声で生徒たちを教え、時に怒り、手を取り合って喜ぶ。江村師の指導に、生き生きと応えて、調子はずれの漢詩を吟じながら下宿に戻る毎日。どこにも変わりがないようですが、部屋に入ってひとりになると、得体の知れない焦りや悲しみ、怒りがこみ上げてきます。言葉にならない衝動に身を揉みながら、房太郎は畳の上を転げ回って苦しみました。

「あぁ、俺はどうしたらえェんや。何をすればえェんや。男子の本懐どこにありや」

さすがは江村師、そんな房太郎の苦しみを感じ取ったのでしょう。用事に事寄せて、房太郎を校長室に呼びつけました。

「ところで大橋君、こちらにいらっしゃるのは川原田さんだ。伊予の方で、法律家として東京で活躍しておられる。君が、法学を学んでいるというので、興味を示されたものだから、こうして君を呼んだんや。いろいろとお話を伺ってはどうやな」

「あ、はい。ありがとうございます。大橋房太郎と申します。川原田先生、よろしくお願い申し上げます」

深々と頭を下げると、少し甲高いせっかちな声が頭の上から降りかかってきました。

「ん、ん、法律家といっても、検事、判事、代言人とさまざまあるでな。君は何が望みかなも」

「はい、裁判官になりたいと思います」

房太郎の中では、法の知識を生かして民を救う正義の判官の姿が、峻厳な検事河津先生、温厚な判事渋川先生、民主主義を体現する小村先生を合わせた理想の法律家として確立していたようです。

「ん、裁判官か。そうか、そうか。しかし、それでは大阪にいては埒があかんのぉ」

これからは、法律家の資格は、東京で一元的に試験を行って認定するようになるだろうと川原田さんは続けます。

「法はの、法を作る立法、それを運用する行政、過ちを正す司法の三者がにらみあってこそ正しく動くんじゃ。司法は、訴えを受けてから動く大御所じゃ。裁判官はたいへんな重責ぞ。わかっておろうな」

「はい、もちろんです。けども……」

房太郎は、言いよどみました。法学舎がなくなり、師を失った今、裁判官になりたいという望みも、手の届かない遠いものに感じられるのです。

「川原田先生、この大橋君は大阪控訴裁判所の河津博士、渋川判事、小村判事について学んでおったのですが、政府の方針で、法律の私塾は好ましくないと、閉鎖されてしまったんですわ。せっかく一流の法律家の方々に教えを受けておったのに、志半ばで道を絶たれるとは、可哀そうでな。何とかしてやりたいのやが、私は法学のことは何もわからんものですよってに」

「ほう、河津先生に渋川、小村ですと。これはまた、贅沢な教育を受けよったもんぞな」

川原田さんは、驚いた様子でした。

「今、この国でその三人を凌ぐ法学者と言えば、そうぞな、鳩山和夫先生がおられた」

房太郎は、はっとして顔を上げました。鳩山和夫という名前は、小村先生から何度か聞いたことがあります。

「今まで、法律を学ぶならフランスへ留学するのが当たり前やったが、本当に実際の政治として実現させたのはアメリカじゃ。それに、さすがの大国フランスも、プロシアに戦争で負けてからは、往年の勢いがない。鳩山先生は、官費留学生としてアメリカに渡り、法の理論と、現実の政治を学んで来られた稀有な人材。しかも、大学南校出身者は官吏になるのが当然という風潮の中で、あえて民間にとどまり、去年には二十五歳の若さで東京府会議員に立候補して、最多得票で当選なされた。百年にひとりの逸材ぞな」

その言葉が終わらないうちに、もう房太郎は椅子を蹴飛ばして、立ち上がっていました。今まで行き場を失って、心の中でわだかまっていたものが、息を吹き返し、ぐんぐんと膨れて体を突き上げてきます。居ても立ってもいられない、というのはこのことでしょう。

「どうした、大橋君。あっ、おいおい、挨拶もせんとどこに行くんや！」

いきなり走り出した房太郎の背中に、江村師は驚いて声をかけました。

振り返った房太郎は、ひとこと「東京へ」と言い残して、走り去ってしまいました。

さて、夢中で駆け出してはみたものの、房太郎にはどこへ行って、何をしようというあてがあるわけではありません。ただ、じっとしてはいられない、それだけでもう走り出したのです。

短い脚を空回りさせながら走るうちに、息が切れてきました。ようやく立ち止まって、ぜいぜいと荒い息を吐くと、体の奥から強い思いが頭をもたげてきました。

「東京へ行く。そして、鳩山和夫先生の弟子にしてもらうんや。そうして、裁判官になる。きっとなるんや」

独り言とはいえないような大声に、周囲を歩いていた人々がびっくりして足を止め、振り向きます。でも、房太郎は気にもしません。再び歩き出したときには、行き先が決まっていました。放出に戻り、母にこの決心を伝えるのが最初の仕事だと思ったのです。

大橋宗家の離れを訪ねるのは、久し振りのことです。老いた母は、驚きもせず、よう来た、よう来た、上がりなはれ、と末っ子の気まぐれな来訪を喜んでいる様子です。房太郎も、この母の前では、気持ちが緩んで、穏やかな気持ちになります。

「お母さん、房太郎は東京へ行きます」

座るなり、いきなり切り出した言葉にも、母は、ほうほうと頷くだけです。

「東京へ行って、裁判官になります」

「裁判官になりますのか。それはよろしな。元気で行ってきなはれ。立派な裁判官になりますのやで」

「はい、お母さん。ありがとう」

言うなり、顔をくしゃくしゃに歪めて、えっ、えっと嗚咽をもらし始めた房太郎をなだめるように、母はゆっくりと語りかけました。

「ええか、この大橋の家は、今から五百年も前に大楠公楠木正成様にお仕えして武名を挙げた大橋作兵衛さんから代々つながる由緒ある家や。それ以来、この放出を治める豪族として、また徳川様の時代には大庄屋として務めを果たしてきた、名誉の家やよってに」

「はい、房太郎、胸に刻みつけます」

「放出の大橋といえば、知らぬ者もない。土地の人々から信用され、頼りに思われてる。お前も、その血を引いていることを、忘れたらあきまへんのやで」

「はい、忘れません。そしてお母さんの恩も、江村先生の恩も、すべての人の恩も忘れません」

頷きながら、母は房太郎の手に、袱紗に包まれたものを握らせました。ずしりと重い包みを開けてみると、銀貨です。数えてみると十五円もあります。

「東京までの汽車賃ぐらいは用意したやろうけど、向こうへ行ったら、学費も下宿代もいるんやさかい、なにかと物入りや」

「すいません、お母さん。廣教小学校で勤めている間に、ちょっとは貯えもできたので、当面は困りませんけど、これは助かります。あとは東京でなんとかします。才覚をはたらかせて、なんとでもします」

母にとっても決して少なくはない金額に、房太郎は胸がしめつけられるような気持ちになり

梅田停留所と呼ばれていた初代の大阪駅。駅前にずらりと人力車が並ぶ。当時はまだ御堂筋がなく、現在の大阪駅よりも西の四ツ橋筋の延長上に建てられた（国立国会図書館蔵）

ました。それだけに、おろそかにできません。

「お母さん、頑張ります。必ず立派な裁判官になってみせます」

その夜を、母のそばで過ごした房太郎は、翌朝、大きな風呂敷包みを脇に抱え、母に見送られて家を出ました。

「あっ、房ぼんさん。大きな荷物抱えて、どこ行かはりまんねや」

近所の人が、驚いて訊ねるのに、房太郎は立ち止まって、笑顔で答えます。

「東京へ行くんや。勉強して裁判官になる」

「えっ、東京ゆうたら江戸のことでっか。お江戸へ行かはりまんのか、裁判官になる、へぇーっ」

この当時の放出の人々にとって、東京というのは生涯足を踏み入れることもない遠い土地でした。首を捻りながら、驚きを隠せない村人に力強く頷く房太郎、

新橋・横浜間を走った１号機関車。明治五年（1872）の鉄道開業にあたって輸入された10両の機関車の第１号。埼玉県の鉄道博物館に保存されている（鉄道博物館提供）

今は前途に思いを馳せて意気揚々です。

梅田の停留所（駅）には、江村師も見送りに来ていました。

「大橋君、君はいつもあわただしいな。ま、しっかりやってきなさい」

「はい、お見送りくださるんですね。餞別まで頂くんですか。突然に思い立って、ご迷惑をおかけしましたのに、ありがとうございます」

房太郎は、周囲の人々の温かい心に、ただ涙ぐみ、感謝するしかありません。

「皆様、大橋房太郎、行ってまいります」

東京行きの列車が逞しい轟音を立てて、ホームにすべりこんで来ました。熱く息づく鉄と油の匂い、立ち込める煙。機関車から噴き出す蒸気は、まるで巨大な鉄の獣が吼えているようです。あわただしかったこの一年半、いろいろな出会いがあり、別れがあり、今日の旅立ちを迎えました。

明治十六年十月二十四日。車中の房太郎は、もう一度、窓から身を乗り出して、母の名を、江村先生の名を大声で叫びましたが、その声は、発車の汽笛の雄叫びにかき消されてしまいました。

鳩山和夫博士

列車は、一昼夜かけて東海道の鉄路を走り、あくる日の午後三時に、東京新橋駅に到着しました。慣れぬ旅に体を揺られ、満足な睡眠もとれませんでしたが、若い魂は、未来を想うとき疲れを忘れるようです。大きな荷物を抱えると、日の暮れぬうちにと千代田のお城を目指しました。二重橋前で、足許に荷物を下ろし、直立不動で皇居を拝し、深々と一礼。

「天朝様。大楠公、小楠公にお仕えした勤皇の士、大橋作兵衛の累代の子孫、大橋房太郎。草莽の臣ながらも、この身を陛下のお役に立てんと、はるばる、大阪より参りました」

例によって、辺りをはばからぬ大声で、帝都に第一声を響かせると、その日の宿を探しに町に戻ります。東京停留所に近くて、宿賃も安いからと教えてもらったのは、久松町にある旅宿半田重左衛門宿です。停留所をお城と反対側に出て、日本橋を渡って、人形町を越えた辺りと教えられたのですが、先にお城へ出向いてしまったものですから、道がわからなくなりました。さんざん訊ねまわって、ようやくたどりついたときは、もう日も落ちて真っ暗。宿の灯りを見つけて、ほっと気が緩みます。五十銭の宿賃を値切ることは忘れずに、東京の最初の夜を迎えることになりました。

「さぁ、明日はいよいよ鳩山先生のお邸へ体当たりや。鳩山先生はいったいどんなお方やろう。まっ、正面から押し通すだけや。大橋房太郎の一生を変える大切な一日になるんやから、今日はしっかり寝て、英気を養うのみ」

袖布団という大きなドテラのような江戸風の布団に戸惑いながら、体を横たえました。まだ、耳の奥で車輪の轟音が響き、体が揺られているようです。線路のすぐ脇に聳えていた名古屋城の大天守閣、天空にあるかと驚くほど高く、白く輝いていた富士の頂、波が鉄路を洗うような由比、蒲原の海岸線、さまざまな景色がぐるぐると頭の中を走り過ぎます。興奮と疲れがせめぎあい、何度か寝返りを打つうちに、房太郎は眠りに落ちていきました。

鳩山和夫博士の邸は、牛込東五軒町にあります。大阪しか知らない房太郎にとっては、千代田城の周囲に広がっている東京の町の大きさは、想像をはるかに超えたものでした。大阪城の西側に広がる大阪の中心部は、南は四天王寺辺りまで、せいぜい半日もあればくまなく歩き回れる広さです。牛込はお城の西側の方だと聞かされて、小一時間もあれば着くだろうと思っていたのですが、とんでもない。坂を上ったり下ったり迷いながら、お昼の一時過ぎにやっと表札を見つけました。

「よしっ、ここや、いくでぇ」

房太郎は、門をくぐるやいなや、ごめん、ごめんと自慢の大声を張り上げました。ところが邸うちは、しんと静まったまま。なるほど東京は家も広いんやから、なまじな声では奥まで届かんと、息をいっぱいに吸い込んで、もう一声。

「えーっ、ごめん、ごめん。大橋房太郎、大阪より参上いたしました」

庭にこだまが響くほどに叫び上げましたが、やはり人の気配がありません。

「お留守かなぁ。そんなら、待たせていただくか」

玄関脇にしゃがみこみ、柱に体を預けると、ここ数日の疲れが一気に出たのでしょう、吸い込まれるように眠ってしまいました。

どれほど経ったのでしょう。ふと気付くと、まだ若々しい顔にピンと両端の上がった立派な髭が似合う紳士が、房太郎の顔を覗き込んでいます。外出帰りでしょうか、ハイカラーの襟にネクタイをきりっと締め、フロックコートも帽子も身に付けたままの姿です。傍らには、和服姿のすらりとした美しい女性が寄り添って、不思議そうに紳士の肩越しに房太郎を眺めていました。

「あっ、これは鳩山和夫先生でいらっしゃいますか」

飛び上がるようにして直立の姿勢をとる房太郎に、紳士は少し後じさりをしながら、君は誰ですかと問いかけました。

「大橋房太郎です、大阪からはるばる先生の書生としてお仕えするために参りました」

「大橋君か。どなたのご紹介だろう」

戸惑ったように、傍らを振り返ると、和服の若い女性に問いかけました。

「春子、何か聞いていたかね」

見ると、女性の胸には幼い子供が抱かれています。眠っている子供を抱きなおしながら、女性はかぶりを振りました。

鳩山和夫（1856〜1911）
法学博士・衆議院議長
（小学館百科事典編集部提供）

「どういうことだろう。うちには、書生がいるんだよ。ふたりもいらないや。お引取り願おう」

「お待ち下さい、大橋房太郎、先生のお名前をお慕いして、遠く大阪より参りました。どうかどうか、ここに置いて下さい」

奥へ向おうとする背中に、すがりつくように声をかけますが、鳩山博士は振り向こうともしません。

「せっかくですが、ご無理ですよ。よそをお探し下さいな」

子供を抱いた奥様が、気の毒そうに言葉を残して、夫の後を追って行きました。

「ああっ、先生、鳩山先生、どうかどうか、この大橋房太郎を見捨てないで下さい」

泣き声になりましたが、ご夫妻は構わず、奥へ入ってしまいました。

「断られた、こんなにあっさり。門前払いや、裁判官の夢も消えてしもうた」

膝の力が抜けて立っていられません。門柱に背中をつけたまま、ずるずると崩れ落ちてしまいます。疲れと絶望と、自分の無鉄砲さに対する後悔が、ずしりと重くのしかかってきました。

そのときです、ごめん下さいと、房太郎の上で声がしました。見上げた目に、洋装の紳士の姿が飛び込んできました。

「うわっ、これは川原田先生」

「んっ、なんだ君は。大橋君じゃないか」

なんという偶然でしょう、つい数日前に会ったばかりの川原田先生が目の前に立っているのです。

「どうしたんだ。どうして、ここにいる。その荷物はいったいなんじゃね」

「鳩山先生の書生になって、ここに置いていただこうと思い、大阪からやって来ました」

「廣教小学校はどうした。江村先生はご存じのことかなも」

「はい、小学校は退職しました。江村先生からは餞別まで賜り、頑張って来いと見送っていただきました」

「無茶ぞな、それは」

川原田先生は、当惑した様子でしたが、自分が鳩山先生を誉めそやしたことを思い出したのでしょう。

「無理ぞ、無理が過ぎよう。じゃが、私が煽ったようなもんじゃしの。よし、鳩山先生に頼んでみてあげよう」

「はい、お願いします。助かりました、川原田先生、これで東京へ来た甲斐があったというもんです」

この偶然も、阿遅速雄神社の神様が救って下さったのに違いないと、房太郎は生き返ったような気持ちになりました。許しも出ていないのに、もう鳩山家の書生になったつもりで、勝手に玄関先に上がり込んで、旅装を解きます。書生らしい普段着に着替えると、さっそく庭に出て、草むしりを始めました。やがて、奥から出てきた鳩山博士が、その姿を見つけて驚いた声を上げました。

「や、もう仕事かい。なんて度胸だろう。図々しいというのか、なんというのか……。どうだい春子、我が家も忙しい。一郎が生まれ、府会議員としての仕事、代言人組合長の仕事、専修学校の仕事もあって、毎日の来客も増えるばかりだ。もうひとり書生がいたっていいんじゃないか、どうだろう」

「はい、わたくしに異存はございませんよ」

「そうかい、それじゃ大橋君といったかね、さっそく今日から……」

「先生、もうひとつ大切なお願いがございます」

房太郎は、ここぞとばかりに厚かましく切り出しました。

「願いが聞き届けられたとたんに、また、お願いかい。なんだね」

「専修学校に通わせて下さい」

「それじゃ、書生じゃなくて居候だろう」

「いいえ、日のあるうちは先生の書生として働き、夜は専修学校の夜学に学んで、法律の勉強を続けたいのです」

「大阪でも法学を学んでいたと川原田さんから聞いたばかりだが」

「はい、河津祐之博士、渋川忠二郎先生、小村寿太郎先生についておりました」

「うん、河津先生に渋川、小村。懐かしい名前だね。そうか、彼らについていたのか」

鳩山先生は懐かしそうに、目の色を和らげました。

「鳩山先生、この房太郎、書生の役目を立派に務めます。勉強も死に物狂いでやります。どうか、どうか、お願いします」

「なんだか虫のいい話にも思えるが、まっ、いいだろ。しっかりやってくれたまえ」

こうして、天から降ってきたような偶然を味方につけて、房太郎は念願の通り、法学博士にして東京府会議員でもある鳩山和夫先生の書生となったのです。

鳩山家の「友愛」

鳩山和夫は安政三年（一八五六）、美作国勝山藩の家臣鳩山博房の四男として生まれた。鳩山家は江戸詰めだったので、和夫も江戸虎ノ門で生まれている。大学南校（後の東京帝国大学）から初めての官費留学生のひとりとしてコロンビア大学・エール大学に進む。当時の留学生はフランスに留学するのが通例だった。国際公用語はフランス語であり、各分野においてフランスが最も先進国だと考えられていたのだ。しかし、鳩山和夫は若い国アメリカの法制度を学ぼうと考えた。

アメリカは宗主国イギリスからの独立にあたって、フランスの民権思想の影響を強く受けている。そして身分制度を解消できない本家フランスに先駆けて、すべての国民が平等に参政権を持つ民主主義を推進した。平等の精神は奴隷解放にまでおよび、国を二分する南北戦争を終えて、デモクラシーという新しい思想を携えて国際社会に進出を始めたところだった。

選挙によって選ばれた市民が国を動かす。鳩山和夫はアメリカでの五年間の研究生活で、民主主義のシンプルな基本を体に叩き込まれた。法学博士号を取得して帰国した鳩山は、教職の傍ら東京府会議員に当選、一時期、外務省に奉職するが、後には衆議院議員として政治家の道を歩む。留学経験者たちが官僚として栄達を求めるなかで、鳩山は議員として国を動かそうとした。

政治家としての鳩山和夫は、進歩党から憲政党、立憲政友会と穏健派の道を歩んだ。フランス流の反政府的で急進的な自由党の政治家たちとは肌が合わなかったのだろう。議会と新聞ジャーナリズムが動かすアメリカの市民社会を経験してきたことが大きかった。

自由 liberté・平等 egalité・友愛 fraternité はフランス革命のスローガンだったが、自由と平等という権利の主張の方が勝っていて、友愛というお互いの信頼関係はなおざりにされがちだった。革命後のフランスは、政治信条の異なる政党が暴力と流血で政権を争い、王制、帝政などに激しく揺り戻す有様だ。土佐出身者が中心の自由党には、どこかそのフランスの熱い政治の雰囲気がある。自由と平等は人としての基本的な権利だが、それを追い求める前にまずお互いを尊重しあう「友愛」の精神があるべきだ。どんなに激しい議論を戦わせても、議事が終われば握手を交し、談笑するアメリカの議員たちの姿に驚きと尊

鳩山一郎（1883～1959）
第五十二～四代総理大臣

敬を感じた鳩山和夫は、自らもそうあろうとした。

官僚の道を歩まず、終生弁護士として市民の目を保ち続けながら、議員生活を送った鳩山和夫の姿勢は、明治の都会派知識人のひとつの典型かもしれない。

「友愛」を政治信条として唱えたのは鳩山和夫の長男・一郎である。父の政治家としての一面を一郎が継ぎ、学者としての一面は弟の秀夫が継承した。官僚の横暴を嫌い、議論を超えた感情的な政争を憎んだ鳩山和夫の「友愛」は、鳩山家のＤＮＡとして流れているのかもしれない。

なお、fraternitéを「博愛」と訳すことがあるようだが、博愛はphilanthropieである。友愛と訳するのが適当だと思うし、明治の人々もそう訳していたようだ。

第三章　治水への決意

大水害

鳩山和夫先生は、安政三年（一八五六）生まれ。房太郎より四歳半年上です。弱冠十四歳で大学南校に入学、のちにアメリカのコロンビア大学、エール大学に留学して、法学博士号を取得しました。明治十五年（一八八二）には、二十五歳の若さで東京府会議員に最多得票で当選。房太郎が押しかけ書生となった明治十六年には、正月に長男の一郎が生まれ、四月には東京代言人組合長に再選されて、法律学校である専修学校の運営にも関わるなど、鳩山家は公私共に来客が多く、昼夜を分かたず大わらわの忙しさでした。

日中は下男同様に鳩山家の雑用をこなし、夜は専修学校に通って学ぶ毎日は、大阪にいた頃と同じようでいて、その忙しさや気苦労は比べものになりません。鳩山先生が在宅中は、常に面会を待つ人が控え室にたむろしているありさまで、書生や女中は取次ぎと応対でふらふらに

銀座を走る鉄道馬車。新橋の橋詰付近。その人混みと賑わい、車輪の響きは房太郎を驚かせた

なるほどです。ともすれば、夜学に通う時間さえ取られるくらいですから、勉強を続けるには睡眠を削るしかありません。

　邸での雑用だけでなく、時には外へ使いに出ることもあります。初めて銀座の馬車通りを見たときは、その道幅の広さに驚きました。廣教小学校にいた頃に船場や居留地を見て、いっぱし都会人のつもりでいた房太郎ですが、東京は規模が違います。煉瓦を敷き詰めた鋪道を、四頭立ての馬車が疾走するのに行きあった時は、圧倒されました。地面を噛む車輪の轟音と、空を切る御者の鞭の音、皮を打たれた馬の嘶《いなな》き、火を噴く様な荒い息が、ひとかたまりになって通り過ぎる様に、頭を轢き潰されるような恐怖感を感じました。

　こんな毎日が一年半も続いた明治十八年（一八八五）の初夏、運命の淀川大水害の惨状が東京にもしきりと伝えられるようになりました。最初は六月の二十日頃から大阪に本社がある朝日新聞、毎日新聞が、淀川堤防決壊の報を流し始めました。十七日に淀川左岸の堤防が枚方の伊加賀付近で決壊し、北河内から中河内が水没、さらに濁流が大阪市街地をうかがうというありさま。淀川の支流である寝屋川の度々の氾濫に苦しめられてきた放出の地に育った房太郎は、気が気ではありません。

「生まれ故郷の放出は、いや大阪はどうなったんやろう」

来客が途切れた合間を見て、鳩山家の客間に置かれた新聞をむさぼるように読みました。関西方面から来たお客様とみれば、ぶしつけながら大阪の水害の被害はいかがでしょうとお尋ねもしました。しかし、いかんせん遠く離れた東京からでは様子もつかめません。

「ひとたび学業に身を捧げると決めたんや。裁判官になるまでは、なにがあろうとも大阪に帰るわけにはゆかん」

そう、言い聞かせて自分の心を励ますのですが、どこか地に足が着かないような心もとなさを感じる毎日です。

そこへ、六月の末日からあくる七月の一日にかけて、近畿地方を台風の暴風雨が襲います。つい二週間前の洪水で決壊した枚方の堤防をはじめ、弱っていた各地の堤防は次々と崩れました。なかでも前回の洪水で市街地への浸水を食い止めるため、大川の堤防をわざと切りして水を排水した網島(現・大阪市都島区網島町)の箇所が、この度は大きく崩れ、ついに大阪市街地が完全に水没するという未曾有の被害となりました。「商都壊滅」「死者百名超えるか」「橋の流失三十一に及ぶ」「水没数万戸」信じられない見出しが踊る新聞をつかんで、房太郎は鳩山先生の居間に飛び込みました。

「先生、先生！　私は大楠公にお仕えした大橋作兵衛の子孫、放出の大庄屋を務めたという血筋でございます。この故郷の大災害、見過ごすことはできません。鳩山先生の大恩を思えば、志を遂げずして故郷に帰るなど、口が裂けても言えません。しかし、このたびばかりはどうかお許し下さい。なにとぞ、なにとぞ」

「いいよ、当然のことじゃないか。人に故郷あり、祖先あり、父母あり、その上で君がいるんだ。行きたまえ。そして、いつなりともここへ帰っておいで」

謹厳な鳩山先生も、房太郎のただならぬ様子を悟って、すぐに暇を出して下さいました。

思い出せば二年前の十月、無謀とも思える大きな夢を運んでくれた汽車が、今は不安と焦燥を軋ませて故郷へと走ります。もっと速く、さぁ、時間を縮めてくれ、大阪へ！

京都を過ぎるあたりまで、車窓の景色はそれほど通常と変わった様子もありませんでした。しかし、列車が大山崎に出て、淀川の河畔を右岸から眺めたとき、一面に泥をかぶった灰色の風景が広がるのを見て、房太郎は心臓を鷲づかみにされるような痛みを感じました。ごっそりと抉られた堤防、引きちぎられたように寸断された街道。悪夢であってほしいと願っていたこ

浸水した堂島米市場の風景。このあたりでは、
一時軒先まで水没した（淀川資料館蔵）

とを、現実として目の当たりにしたのです。

高槻を越え、近郊に入ると、被害はますます大きく、水害が多くの人の暮らしを壊してしまったことを否応なく見せつけてきます。土台ごと倒れた家屋、崩れて屋根だけが地面に残っている家、建具も壁もすべて流れてしまい、骨組がむき出しになって鳥小屋のように見える建物。半分流されてしまった堤防の上に、裸でうずくまる人々の姿も見えました。

ようやくたどり着いた大阪駅も、プラットフォームこそ通常通り整備されていましたが、階段や建物の壁には泥の跡が残り、房太郎の背丈を超える高さまで水がついたことがわかります。駅舎の外には、家を失い、行き場をなくした人々が、わずかな身の回りの品を手に、建物の外壁に身を寄せています。

無残な姿を見せる網島の景色。現在の都島区網島町の辺り
（淀川資料館蔵）

数字で表すと、大阪府下の被害人口は三十万四一九九人、うち死者・行方不明者八十一名。浸水戸数七万二五〇九戸、うち流失は一七四九戸、全壊は一六一二戸。流失した橋は北区、東区、西区、南区の中心部で三十八、郡部で二十八の合計六十六橋。堤防の決壊は二二四箇所におよびました（明治十八年九月二十日の朝日新聞の統計によるものです）。

房太郎は、その惨状を我が目で確かめようと、淀川を航行している蒸気船に乗り込み、毎日のように流域の被害の状況を見て回りました。

「淀川をなんとかしなければいかん。こんなむごいことを二度と起こしてはならん。壊れた堤防を補修しても、また大雨が来たら崩れるだけや。淀川は、上流から河口まで、根本的な治水を考えないかんのや。さぁ、それを誰がやる？　志ある人物が出るのを待つんか。まだ見ぬ志士の現れんことを祈って、東京に戻るか。戻って裁判官になるのがおれの採るべき道やろうか」

小さな体を反らせた房太郎は、自分の人生を変える大きな決断をしようとしていました。

「おれは大橋家に生まれた。この川の恵みを享《う》け、この川がもたらす災厄と戦ってきた一族の末裔や。多くの人は、やがてこの大水害を忘れ、世代が代われば語り継がれることもなくなる。そして、忘れた頃にまた淀川は猛り狂って、この大阪を呑み尽くすのや。それを措いて、法律家として出世するのが大橋房太郎の夢か。本当の道か、いや……」

房太郎は、鳩山博士に手紙を送ります。東京には戻らない。法律家になる夢を絶ち、淀川の治水に生涯を傾けると、自分の決意を伝えました。博士からは、その決意に敬意を捧げるとの激励の返信がありました。「君、健在なれ」と、鳩山先生らしい簡潔な言葉がしたためられた手紙を押し頂いて、房太郎は故郷放出に戻ることになったのです。

淀川屋さん

とは言え、大きな志を持った房太郎も、世間から見れば一書生。何の実績もありません。まずは社会人として生業を持ち、いちから始めるしかありません。

「じっくり腰をすえてかからんとな。おれももうすぐ二十五歳。家を持ち、仕事に励み、家庭を営んでこそ、人の信頼を得られるというもんや。よし、大橋房太郎、一家の主となるんや」

　大橋宗家や実家の南大橋の家からも援助を受けて、庭のある立派な邸を建てると、房太郎は兄やんのもとで覚えた米屋を開業しました。さらに親戚の人たちの奨めで、気配りができて、愛嬌があると評判の「かぎ」という娘を妻に迎えます。房太郎さんでは、とうてい商売は無理やから、接客ができるような明るくて温厚な嫁が必要だという周囲の人々の配慮でしょう。当の房太郎、それを知ってか知らずか、自分より頭ひとつも背の高い、いかにも健やかな新妻かぎとともに仕事に励む毎日でした。

　が、もともと商売が目的ではなく、どうしても淀川治水のことが頭から離れない房太郎です。米を買いに来てくれたお客さんをつかまえて、相手の迷惑も構わず治水事業の大切さを説き、気持ちが高ぶると袖をつかんで離さないのです。

「あらぁ米屋さんやないで、淀川屋さんや。米買いに行って、淀川の話聞かされたらかなんわ」と呆れられる始末です。商売は、とても順調とはいえない状態でした。

　しかし、思いがけない方向から、事態が進み始めます。米屋の開業から数ヵ月、まだ仕事も軌道に乗らない時期に、大阪府東成郡長葉山荒太郎から、至急面談を乞う、出頭されたしとの召喚状が届いたのです。当時、大阪府は中心部に東西南北の区が設けられ、郊外は東成、西成、住吉、島上、島下、茨田、讃良、交野、若江、渋川、河内の郡が行政単位でした。市制が布か

新築した家の庭に立つ房太郎。屋根まで付いた瀟洒な枝折戸を備えた中庭は、房太郎のご自慢だった。町家としては贅沢な造作で、大橋家がかなりの資産家だったことがわかる。

この家は人手に渡ったが、現在も住居として大切に使われている(下)。通りに面した棟を接客に使い、中庭を挟んだ奥を住居とする典型的な商家の姿が残されている

れるのは、数年後の明治二十二年のことです。郡長というのは、府庁の官吏のなかではかなりの身分でした。

「ほう、葉山郡長じきじきの呼び出しか。淀川の治水について、おれの意見を聞きたいというんやな。よし、覚悟しとれよ。葉山荒太郎といえば九州は小倉藩の家老で、幕末の動乱では長州と一戦交えたという剛の者やと聞くが、おれの淀川にかける熱意に勝てるものか。見とれよ」

米屋の商売のこととは打って変わって、意気揚々と郡役所に出かけました。

葉山郡長は、小笠原家の家老だった前身を鼻にかけるような人ではなく、豪放磊落を身上とする九州男児です。誰彼の分け隔てなく接し、人情に厚いと評判でした。噂に違わず、若造の房太郎に椅子を進め、偉ぶる様子もなく、気さくに話しかけてきます。

「ねぇ、大橋君。国家というのは、上意下達で動くもんじゃないでね。町村の基盤がしっかりしておってこそ、国家は隆昌するんですよ。民の声をばしっかと聞き、上の決意を民に伝える、そんな役目の者がおってこそ、国は大きく動くんよ。郡長たる私の立場を支えて下さるのが戸長。戸長が町村を支えておるんよ」

房太郎は、相槌を打ちながらも、なんだか気勢をそがれたような気分でした。どうも、淀川治水の話ではないようです。

「実はね、大橋君。今度、放出の戸長の清水谷君が転任したんよ。その後を君、受けてはくれんやろうかね」

思いがけない展開でした。葉山郡長は、放出戸長の人選に苦しんで、房太郎に白羽の矢を立てたようなのです。

「せっかくのお話ですけども、私はまだ放出に戻って米屋を始めたばかり。それに、年齢も二十六歳です」

房太郎らしくない、まともな返答になりました。

「いやいや、そのことは府会議員の岡先生とも、となりの左専道村の戸長や前の放出戸長の山田さんとも、相談した上のことですよ。ぶっちゃけて言いますよ。放出村はご存じのとおり治めるに難しい土地柄やね。並の者では治まりきらん。歳は若くとも、覇気があり、気概に満ちた君でこそ務まる仕事よ。そう決まったんよ。君を措いて、他に人はおらんきね。これ、この通り」

葉山郡長は、椅子から降りて、床に膝をつくと、房太郎を仰ぎ見て「頼む、頼みます」と頭を下げました。

「これは、面をお上げください。郡長さんの赤心、よっくわかりました。わかりましたが、私の一存でお受けできることではございません。大橋の一族とも話し合って、よく考えさせて下さい」

やって来たときの意気込みとは違って、慎重な態度で答えを保留した房太郎です。帰宅して、まず妻に、そして母に伝えました。異口同音に、大賛成。

「大橋家の者が、放出を治めるのが当然。なにをためらうのです」

話を聞きつけた近親の人たちも、異議なし、思う存分やれと力強い言葉を投げてくれました。

「そうか、淀川治水のために、最初の一歩となるかもしれん。郡長の後押しがあるのは、心強い。ここは、受けるべきか」

明治二十年（一八八七）六月、房太郎は放出の戸長に就任しました。二十六歳、若い戸長の誕生です。

京都疎水工事への反対運動

さて当時、京都府では工業用水として琵琶湖の水を直接引き込んで、伏見まで流す一大プロジェクト「疎水工事」が進んでいました。地形が複雑で高低差も大きいことを逆手にとって、水力発電を行うという画期的な工事です。房太郎より一歳年下の若き天才技師田辺朔郎が立案し、現場で指揮を執った大事業でした。これによって、蹴上の発電所はアメリカ・コロラド州アスペン鉱山、日本の足尾銅山発電所についで世界で三番目の水力発電所となり、西陣織などの地場産業の近代工業化の基盤となりました。また、市電の電力供給源ともなったのです。

しかし一面では、それでなくとも多い淀川の水量を、上流部分で大きく増やすこととなり、下流に当たる大阪が洪水の危険にさらされることにもなります。治水事業の難しさは、まず流域の住民の利害が対立するという悩ましい問題にあります。治水をするという総論には賛成、個別の堤防やダムの工事には各論反対。今も変わらぬ、根本的なジレンマです。

「京都府はなにを考えてるんや。自分らさえよかったら、下流の大阪は水浸しになってもえェと思ってるんか」

田辺朔郎（1861〜1944）。文久元年、江戸で御家人田辺蓮舟の長男として生まれる。父は高島秋帆門下の洋式砲術家だった。幼くして父を失い、叔父の田辺太一に育てられる。工部大学校の卒論であった京都疏水計画が京都府知事北垣国道に認められ、二十二歳で疏水計画の責任者に抜擢される（京都市上下水道局蔵・田邉家資料）

房太郎は京都府に対して抗議をする一方、淀川沿岸の住民の代表を大阪駅の近くにあった静観楼という料亭に集め、当時の大阪府知事建野郷三の出席を乞い、説明を求めました。明治二十一年十二月二十日のことです。

明治時代の府知事は、政府の内務省から派遣される行政官です。今のように選

蹴上のインクライン。疎水は発電のため蹴上で大きな落差を設けている。当時は重要だった船の航行が難しくなることから、ここでは台車に船を載せて移動させることにした（京都市上下水道局蔵）

第一トンネル山科側の出口。木材を使って支え、アーチ状の石組みを作っている様子がわかる（京都府立総合資料館蔵）

挙で選ばれた首長が住民の意思を受けて地方自治に取り組むという考えはありません。国が進める疎水工事に、国の官僚である建野知事が反対できるはずはないのです。

まして、庶民が公儀に逆らえば打首・獄門という江戸時代から、まだ二十年余りしか経っていないのです。房太郎のやったことは、百姓一揆に近いものです。集まった人々も、房太郎の言葉に煽られて来たものの、いざ知事閣下を目の前にすると、顔を見合わせて口ごもるばかりで、思い切った発言をする者はありませんでした。

こうなると、房太郎の独壇場です。臆することなく立ち上がり、建野知事をまっすぐに見据えて話し始めました。

「この若輩大橋房太郎は、建野知事の徳望と手腕を深く信頼しておりましたが、この度はガラリッと裏切られました。建野知事さん、あの京都府が始めた疎水工事はなんですか。よその府県がやることだから、口を出せないとでもおっしゃるんですか。京都府と大阪府は淀川でつながっておるんですよ。下流の住民が迷惑することに、なぜ抗議をなさらないのか。建野さん、あなたは紙切れ一枚でどこへでも転任して、あとはどうなってもえェのかもしれんが、私たちはこの祖先の地で生きていかなくてはならんのですよ。私たちだけでなく、子や孫や、まだ生まれてもいない未来の大阪府民の命に関わる問題なんです。あなたも人の子ならば、憐れみの気持ちが起こらんのですか。ねぇ、知事さん、これは房太郎ひとりの声と違いますよ。淀川沿岸住民の声、大阪府民の総意ですよ。どうなんですか」

知事閣下をつかまえて「知事さん、建野さん」と気安く呼びかけた上に、歯に衣着せぬ正論をぶちまける房太郎の暴走に、人々はしんと静まり返って、しわぶきの音ひとつ聞こえてきません。福岡藩士として幕末の動乱を切り抜け、剛腹をもって鳴る建野郷三知事も、さすがに顔色が変わり、感情を抑えかねる様子でした。

言葉を継ぐものもなく、答える者もない、気まずい空気のまま、やがて酒が運ばれてきました。建野知事は杯を手に取ると、他の人は眼中にないかのように人並みを押し分け、まっすぐに房太郎の前に立ちました。何事が起きるかと、周囲が固唾を呑むなか、知事は片手を挙げると、ポンと房太郎の肩に置き、破顔一笑しました。

「大橋君、一杯どうじゃな」

「はいっ、頂きましょう。酒は大橋の大好物、しかし、この一杯でごまかされはしませんぞ」

すると、建野知事も修羅場をくぐってきた貫禄で、上着のボタンを外すと、わが胸をドンと叩いて答えます。

「大橋君、君の若さと弁論には一歩譲るかしらんが、建野郷三も、この精神、この胸では少しも引けをとらんぞ」

人は人を知るというのでしょうか。お互いに、負けず嫌いの猪武者と知って響きあうものがあったのでしょう。

「知事と二戸長、月とすっぽんほどの違いがありますが、天下国家を憂う一念は、決して閣下に譲りません」

「よくぞ言ったもんよ。その意気、その元気じゃ。頼んだぞ」

これを機会に、知事の知遇を得た房太郎、肝胆相照らす仲となったのです。

知事にすれば、こういううるさい奴は正面からねじ伏せるより、懐柔して取り込んだ方が得策だという計算もあったでしょう。でも、官僚といってもこの時期に中堅の立場にあった人々は、産声を上げて間もない頃の新政府に奉職したもと武士です。まして、幕末維新の動乱の中で青年期を過ごした世代です。福岡藩士だった建野が、この血の気の多い、熱い若者に、心意気を感じたのも事実でしょう。ただ、うるさいばかりの理屈屋ではない可愛げというか、一種の愛嬌が房太郎には備わっていたようです。

寝屋川堤防の改修問題

放出は多くの水路が集まってくる低湿地です。北河内の星田村を源流として、西に向って流れる寝屋川は、放出の北を通り、大阪城のすぐ北で猫間川と合流して淀川に注ぎ込みます。南

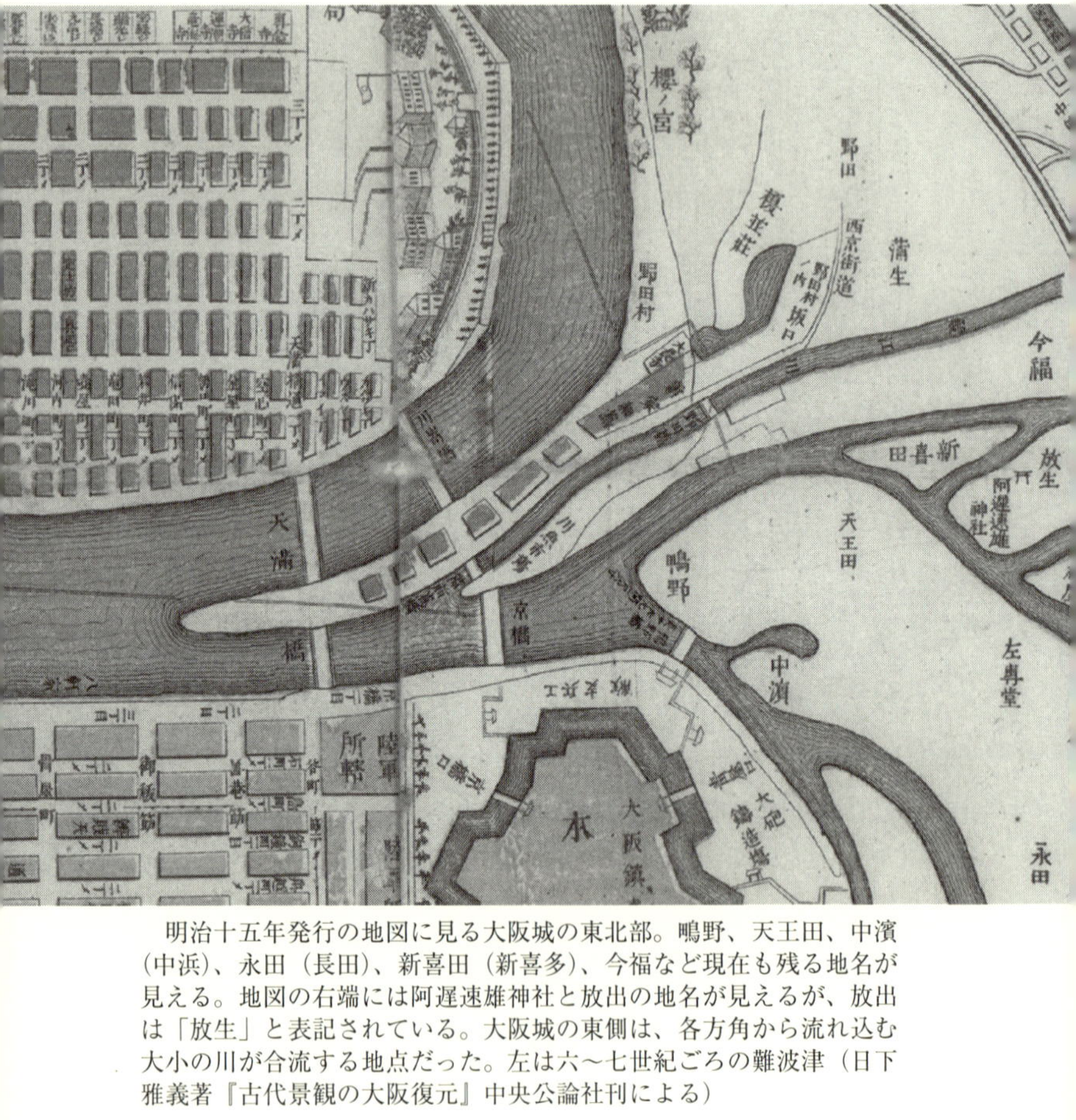

明治十五年発行の地図に見る大阪城の東北部。鴫野、天王田、中濱（中浜）、永田（長田）、新喜田（新喜多）、今福など現在も残る地名が見える。地図の右端には阿遅速雄神社と放出の地名が見えるが、放出は「放生」と表記されている。大阪城の東側は、各方角から流れ込む大小の川が合流する地点だった。左は六〜七世紀ごろの難波津（日下雅義著『古代景観の大阪復元』中央公論社刊による）

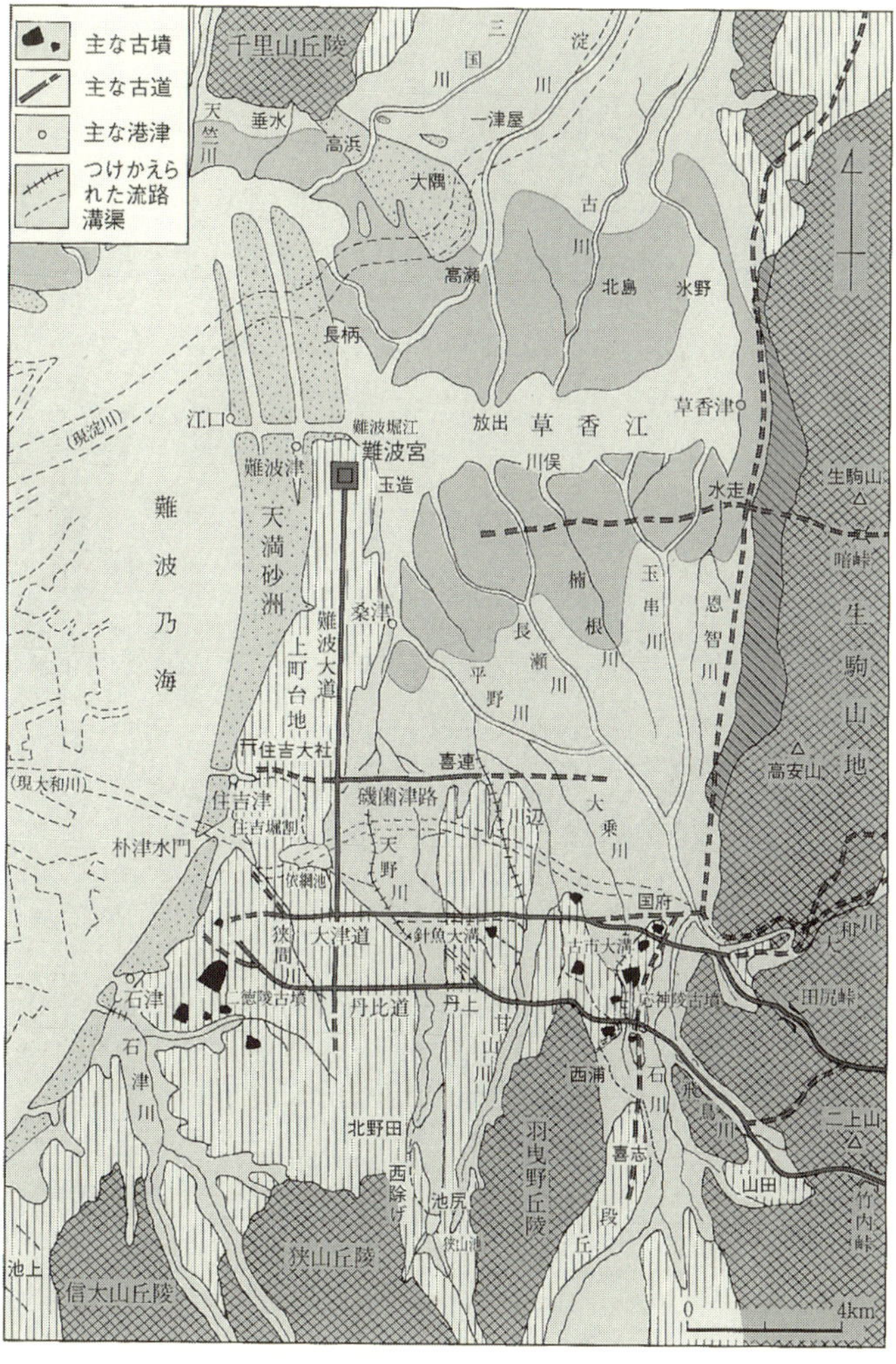
主な古墳
主な古道
主な港津
つけかえられた流路
溝渠
千里山丘陵
三国川
淀川
天竺川
垂水
高浜
一津屋
大隅
古川
高瀬
北島
氷野
長柄
草香津
江口
(現淀川)
難波堀江
難波宮
放出
草香江
難波津
川俣
玉造
生駒山
水走
難波乃海
天満砂洲
暗峠
桑津
楠根川
玉串川
恩智川
生駒山地
難波大道
上町台地
長瀬川
平野川
住吉大社
喜連
高安山
(現大和川)
住吉津
磯歯津路
辺
大乗川
住吉堀割
天野川
朴津水門
依網池
国府
狭間
大津道
針魚大溝
古市大溝
大和川
石津
仁徳陵古墳
丹比道
丹上
応神陵古墳
田尻峠
石津川
甘山川
西浦
石川
飛鳥川
二上山
北野田
羽曳野丘陵
喜志
西除げ
山田
池尻
段丘
竹内峠
狭山池
狭山丘陵
池上
信太山丘陵
0
4km

河内から北上して、放出の東で寝屋川に注ぐ久宝寺川、玉串川は、もともと大和川の本流であった川です。その他にも多くの水路がもつれあうようにして寝屋川に集まり、豊富な水は灌漑や水運を通じて流域の人々を潤してきました。その一方で、雨の季節になると、毎年のようにどこかの堤防が切れて洪水を起こす、治水の難しい川でした。

房太郎は放出戸長として、この寝屋川の改修工事の必要性を、流域の住民に説いて回ります。

「寝屋川をこのままにしておいてえェのか。洪水は毎年のことやないか。その度に金をかけて、人手を出して修理しても、また次の年には堤防が切れて、おんなじことを繰り返さンならん。それなら一度思い切った出費で、全面的に改修工事をしたらどうやろ。結果としては、その方が安くつく。毎年水浸しになっておっては、寝屋川流域の村は他の地域から取り残されてしまうぞ」

どの村も改修工事の必要性はわかっているのですが、いざ費用の負担となると、予算が組めるほど豊かなところはありません。

「ようし、そんなら府の費用でやらせようやないか。そうや、いずれ淀川で行わねばならんことを、まず寝屋川でやってみるか」

房太郎はさっそく、府の土木課長原邦蔵を府庁に訪ねました。当時の官僚は大きな権限を持っていて、戸長ごときになかなか面会してはくれないものです。そこは、府知事に対しても一歩も引かなかった房太郎の評判がものを言ったのでしょう。課長室に通されましたが、この原課長は融通の利かない堅物で通っている人です。あれこれ言い回しを考えるより、真正面からぶつかってやろうと、いきなり寝屋川改修が地元にとっても大阪府にとっても重要な工事であると大声で説き始めました。

「この寝屋川です。今すぐにでも改修しなければならないと皆わかっているのですが、いかんせん、どの村も費用を出せるだけの余裕がありません。金がないからと、住民の難儀を見過ごしにするのが府政でしょうか。ここは、ぜひとも大阪府の府費で全額支出して行って欲しい。どうか、お願いいたします」

房太郎は、言葉を切ると、ぐっと机の上に身を乗り出しました。驚いてのけぞる原課長をにらみつけると、いきなりはらはらと涙を流し、ゴンと音がするほどの勢いで机に頭を垂れて嘆願しました。

さすがの原課長も、気を呑まれたようですが、すぐに立ち直ります。

「お話の筋はようくわかります。しかし府には、今目の前にある懸案が多々ありましてなぁ。それらが片付かないうちは、なんとも……。いずれそのうちということですな。それにしても、大橋さんのその弁舌、私などでは到底太刀打ちいたしかねます。いやぁ、まいりました」

あっさりとあしらわれてしまいました。

「ここで怒鳴り声を上げてもしょうがない。正面から当たったんやから、次は搦め手から攻めようか」

房太郎が次に目をつけたのは、大阪府の属官篠原利助です。属官というのは、大臣や知事のような高等官が、自分の裁量で任命して秘書のように使う下級官吏です。この篠原利助は、もとは天王寺村の戸長で、房太郎とは旧知の間柄でしたが、建野知事に気に入られて属官に取り立てられました。人柄が穏やかで、表裏なくよく働くと評判の良い人です。房太郎は、その日の夕刻を見計らって篠原の自宅を訪ね、帰宅を待ち受けました。間もなく、篠原が帰ってきます。

食事時に訪ねてきて、いったい何の話があるのかいぶかる様子の篠原に、房太郎は挨拶もそこそこ、いきなり寝屋川改修の必要性を大声で説きまくりました。温厚な篠原は、文句も言わず、一語一語に耳を傾けて、相槌を打ちます。

「ところが篠原さん、原課長はあっさりと、他にも大事な懸案があるからだめだと門前払いですよ」

「なんとかご期待に添うよう微力を尽くしたいと存じますが、さて……。そうだ、建野知事はこの間も、大橋さんのことを引き合いに出して、たいした人物だと感心しておられましたよ。ここは、直に建野知事に宛てて陳情書を出されてはいかがですか」

暗に、自分からも口を利いてあげようとの好意を示してくれました。手ごたえを感じた房太郎は、飛ぶように帰宅すると、その夜から陳情書の執筆にとりかかります。何度も推敲を繰り返し、三日で仕上げると、紙に刻み付けるように清書して知事宛に提出しました。

ことが運ぶときはこのようなものでしょうか。数日を経ずして、篠原から、知事が寝屋川を視察するので案内をお願いしたいと通知が来ました。喜んだ房太郎は、建野知事を案内し、寝屋川の治水の難しさとその重要性を事細かに説明しました。建野郷三は、元来口数の少ない人です。黙って頷くばかりでしたが、その表情や目の色から、心に期するものがあることが見て取れました。

はたして次の週には、知事から房太郎に「官邸にまかり出るよう」との召喚状が届きます。

「知事からの召喚状、それも府庁へではなく、官邸に来いというのか」

一戸長に対して、あまりにも異例の待遇です。

「よしっ、この大橋房太郎、知事官邸に乗り込むか」

その日は、紋付羽織に仙台平の袴の正装で、しかも家紋は普段使わない菊水紋。祖先大橋作兵衛が小楠公楠木正行様から頂いた家紋です。自宅まで人力車を呼びつけ、知事官邸に乗り付けることにしました。

思えば七年前のことでしょうか。放出から、この道を毎日下駄履きで廣教小学校まで通った日々。船場の町並み、開港場の賑わい、御堂さんの鐘の音、法学舎で学んだ毎日。さまざまな思い出が、車中の房太郎の胸に去来します。半人前の代用教員として、法学生として歩いて通ったその道を、今は知事からの招きに応じて、戸長として人力車でまかり通るのです。

「寝屋川改修の一件、必ず実現させる。知事と刺し違えてもな」

応接室に通された房太郎は、その体には大きすぎる椅子の肘掛に両手をつくと、ぐっと身を乗り出して知事の顔に炎を吹き付けるような勢いでしゃべりだしました。

「そもそも、あの明治十八年の大水害以来、淀川改修は全府民の悲願となりました。水量豊かな淀川は、古来流域の民を潤してきましたが、一方、猛り狂うと手もつけられず、この大阪の発展に常に立ちはだかる問題でもあります。これを解決し、未来にいたるまで大阪府民の暮らしの安全を保障することは、大阪のみならず大日本の国益でもあります」

寝屋川の視察を終えて、さてその改修の話をと待ち構えていた建野知事は、あっけにとられて口を挟むこともできません。

ひとしきり、淀川の話をぶちかました房太郎は、ようやく話題を戻して、寝屋川改修のことを持ち出しました。

「そこで、まずは手始めとして、先日視察を賜った寝屋川の改修につきまして、全額を府費でお願いしたい」

すると、初めて知事が口を開きました。

「よろしい、全額、府費でいたしましょう」

快諾しただけでなく、にっこり笑って言葉を継ぎました。

「大橋君、一献、差し上げたい。君の前途を祝すために」

「いや淀川の前途を祝すために、頂きましょう」

言葉少ない建野知事と、差しつ差されつ静かな祝宴を開いたのでした。

やがて去ろうとする房太郎を、自ら玄関まで送ってきた知事は、人力車の上の房太郎に、めずらしく冗談めかした声をかけました。

「君、いいかね。公のために尽くすものはね、貧乏するぞ。君は貧乏神に憑かれたんだ」

「それこそ本望、この大橋房太郎、身を尽くして淀川に捧げました。貧乏けっこう、命だって差し上げます」

房太郎は小さな体に似合わぬ大きな啖呵を切って、人力車の上に背を反らして高笑いを響かせました。建野知事は、くすっと失笑しました。憎めない奴めと。

寝屋川の灌漑ポンプ

建野知事の直々の裁量で決まった寝屋川改修は、間をおかず、翌明治二十二年五月から始まりました。しかし結果として、本題の淀川大改修よりも手間取り、四十年もの長きにわたる事業となったのです。猫間川、六郷川、楠根川（久宝寺川）、菱江川（玉串川）、鯰江川など、村落を縫って絡み合い、ほつれあう複雑な水路を整理、統合して第二寝屋川という河川に作り変えるのは、世代を超えた大仕事になりました。

それは後日の話として、寝屋川をめぐって、もうひとつの事件がありました。

放出の上流、徳庵との間に、南から流れ込む楠根川と寝屋川との合流点があります。ここには、灌漑用水を取り込む取水口があり、一定の水量を確保するため、流れを区切る土塀を設けてありました。水利のために必要な施設なのですが、水運の妨げになります。そう広くもない流れの中に障害物があるのですから、一度に一艘ずつしか舟が通れません。

川が多いこの地域では、陸路より水路のほうが重要です。特に大阪中心部の人口が密集している地域へ屎尿を汲み取りにゆくおわい舟が、北河内一帯から集まって寝屋川を通って大川へ向います。その数は一日に数百艘にもおよびますから、この合流点にある取水口の土塀は、舟の大渋滞を引き起こすことになりました。きちんと順序を守っていては、いつになるやらわからないというので、前に並んでいる舟の前に舳先を突っ込んで、先を越そうという舟も出てきます。

「こらっ、なにをさらすんや。こっちは二時間も前から並んどるんやぞ、順番を守らんか」

「なにぬかす。わしはもっと前から待っとったんや。先に行くで」

「今来たばっかりやんけ、嘘かますなや」

「やるんかい、岸に上がれや」

「おう、上等や。やったる」

もともと血の気の多い百姓衆、しかも舟の渋滞でいらいらしているものですから、たちまちそこら中で取っ組み合いの喧嘩が始まります。それに同じ流域の農民たちは、日頃から、水を取った取られた、上流から泥を流した、ごみを流した、うちの村の菜の花を勝手に刈り取ったなどと、小さな諍いを常時抱えていて、ストレスがたまっているのです。まして放出は、河内国と摂津国の国境にもなっていて、先祖代々の因縁もあります。そんなことから、取っ組み合いが殴り合いになり、しまいには舟の櫂や肥桶を担ぐ「負子《おうこ》」という天秤棒まで持ち出す始末。大怪我で済めばまだしも、腕や脚の骨を砕かれたり、ときには頭を割られて死人が出ることもめずらしくありません。

かねてから、文明国とは呼べないような、この野蛮な風習を苦々しく思っていた房太郎は、戸長になったのを幸い、解決に乗り出しました。

「明治の世になって二十数年、文明開化の波も、この放出には届かんのか。いつまでちょんまげを結ってた時代の悪習を続けるつもりや。ええ加減にせんか。ポンプという利器があるやろが、ポンプが。ポンプで水を汲み上げたら、土塀で水をはねることもなかろう。買うたらえェやないか。値段か？　七千円や。安いやろ、命より安いやろ」

そう説かれても、当時の七千円は、村の一年分の予算にも匹敵する金額です。

「安いと言われて、はいそうですかと誰が出しますねん」

「ひとりでは無理やな。けど、ひとり七円を千人が出せば七千円や」

「七円は、大金でっせ」

「命より高いか。七円払うより、殺されたほうがましかい」

そう詰め寄られると、返事のしようもありません。

いつの間にか集まったお金が七千円。灌漑用水はポンプで汲み上げることとして、水をはねる土塀は住民たちの万歳の声と共に突き崩されました。長年の血なまぐさい騒動がウソのように、多くの舟が寝屋川へ、大川へ渋滞なく上り下りする光景が、その日から見られるようになったのです。

第四章　陳情の神様

新制榎本村の若き村長

建野郷三知事の後押しで、寝屋川の問題に手をつけた房太郎。さぁ、いよいよ淀川の治水にと腕まくりをしたところで、当の建野知事が本省に栄転することになりました。明治二十二年（一八八九）二月、大日本帝国憲法発布に伴い、国政が大きく動き始めたこの時期に元老院議官を拝命。大阪で数々の難題に取り組んで、結果を残したことを評価されたのです。

「なんと、殺生やないか。これから淀川の治水に取り掛かろうというときに、事情をよく知ってる建野さんを持っていくのか」

ところが、その後任には内務省土木局長西村捨三が就任しました。

「これは、どういうことや。土木局から、しかも局長を大阪府知事として送り込んできた……。やはり政府は淀川の治水に取り掛かるつもりやな。時は至れり、やるぞ」

機を見るに敏な房太郎は、素早く動きました。チャンスと見て、淀川流域の治水委員を集め、新知事に淀川改修を訴える陳情を上げたのです。おりしもこの年の五月、全国に市町村制度が布かれました。大阪府でも中心部の四区を大阪市とし、周辺の郡部も町村を統合することになりました。放出村は、寝屋川をはさんで北側の下辻村と合併し、榎本村が誕生します。次第に存在感を増してきた房太郎は、二十八歳で榎本村の初代村長に選任されます。

西村捨三（1843〜1908）
第六代大阪府知事

「風が吹いている、天から吹く風や。おれに天命が下ったんやな。前進あるのみ」

数ヵ月後のこと、府庁の廊下で房太郎とすれ違った西村知事は「大橋君、君の熱意に僕も発奮するぞ」と声をかけて来ました。笑顔を向け房太郎の肩を親しげに叩いて去ってゆく知事の後姿に、事態が大きく動き出そうとする予感を感じて、房太郎は我知らず身震いをしました。

明けて明治二十三年一月二十七日に、西村知事は臨時府会を招集します。議題は、淀川改修工事の前提となる測量費の予算を、大阪府が出すのか、国費で賄うのかという問題です。水利委員からの陳情を受けて、知事が議会に諮るという形です。

議論は二派に分かれて白熱しました。淀川流域から選出された議員は府費の支出に賛成。しかし淀川に接していない地域の府議からは、国費で賄うべきだとの異論が出ます。

「府の費用で賄うといっても、予算に余裕はない。府民に臨時の増税をお願いするしかないやないか。淀川に隣接していない地域の住民に、淀川改修のための金を出せというのか？　喜んで金を出す者はおりませんぞ」

治水事業の難点である「巨額の費用を誰が持つのか」という問題です。国か府県か、流域の市町村かの対立が浮かび上がってきました。

「複数の府県にまたがっている淀川の改修工事は、国費でお願いするしかあるまい。しかし、その改修工事の陳情を国に上げるためには、調査、測量して費用を概算する必要がある。その測量費まで、国に出せというのは無理やろう。陳情する大阪府が持つのが当然です」

「国が出さんというなら、淀川沿岸の市町村が出せばよい。私の選挙区は、まったく淀川とは関係ないのですからな」

淀川沿岸派、非沿岸派に分かれて、互いに譲りません。国の意思を代弁する立場の西村知事は、両派の間に割って入り、諄々と説きました。

「選良の皆さん。国の仕事は大きく分けて、国内の問題に取り組む内務、外国との交渉、これには戦争という非常手段も含みますが、外務。そして、それらの費用を皆さんから集めて支出する財務の三つより成ります。維新から二十数年、憲法も発布。ようやく人心も安定し、内務はしだいに地方の府県、市町村に委ねられるところは委ねようという流れになってまいりました。なんでもかんでもお上にお願いしてやってもらおうという時代から、臣民が、自らの問題に取り組むという自治の精神、近代国家を目指した動きに傾きつつあります。どうか、皆さんにはそのような大きな動きを踏まえた上で、この度の淀川治水という一代の大事業に取り組んでいただきたい」

西村捨三知事は、もと彦根藩井伊家の藩士でした。佐幕派の最右翼として安政の大獄を主導し、非業の死を遂げた井伊直弼に仕えた西村は、新政府に奉職後も茨の道を歩んだ人です。その言葉には、政治が庶民を不幸にしてはならないという強い信念がこめられていました。

しかし、多数決を取ると、測量費も国費でお願いしたいという意見が多数を占めました。

西村知事は、しばし天を仰いで嘆息しましたが、「皆さんのご意見は承知しました。この西村捨三は大阪府民の代表として、皆様のご意見を政府に陳情いたしましょう」と約束しました。

もちろん政府の回答は、にべもないものでした。淀川から大阪湾にいたるまで、治水の成果を上げよ。ただし、国費は出せぬ。府民に負担させよ。西村土木局長に対して、大阪府知事への出向が告げられたときの内示です。西村捨三知事は、ひそかに官邸に房太郎を招きました。

「大橋君、わかって下さろうね。淀川改修費は国費で賄う。ただし、淀川流域の大阪府、京都府、滋賀県には応分の負担をしていただく。その上で、調査・測量費は、陳情を上げる大阪府の負担だ。私も命をかけている。すでにオランダ人技師のデ・レーケ、沖野技官が淀川大改修の素案を建てているのだ。後には退けぬ。建野さんからも、大事は大橋君に託すべしと申し送られている」

府会での否決が、かえって房太郎の気持ちに火を付けたようです。反対派、賛成派を問わず、府議たちに例によって火を吐くような激しい弁論をぶちかまし、態度が固いと見れば土下座し、涙を流し、獅子奮迅の働きを見せました。

「河川そのものの改修は国費、当然だ。けど、堤防は地方税でやってるやないか。どっちが全額を出すかで我を張り合うより、測量費は府が出す。大改修は国が出すで折半したら公平ではないか。折半というけど、改修費用は信じられないような巨額になるぞ。それに較べれば、調査、測量費はたかが知れている。損して得を取れというやないか。まず大阪府の方から折れて出たら、国も後に退けんやろ。大阪府民の未来がかかっている。淀川に接しているか否かを問わずに取り組むのが府会議員としての当然の心構えではないのか」

ようやく、説得の手ごたえを得ると、房太郎は西村知事に臨時府会の召集を求めました。

「三月に臨時府会ですか。その後に、すぐ府会議員選挙ですよ。任期切れ直前に召集して、このような大事を議決できますか」

「できなければ、腹を切ります。現職の府会議員は説得できたと思います。しかし、選挙後の新しい議員をもう一度説得するまでの自信はございません。今しかないのです」

「わかりました。通らねば、私も腹を切ろう」

西村知事は、房太郎の意見を容れ、明治二十四年（一八九一）三月に臨時府会を召集して、再度、同じ議案を提出しました。傍聴席の真正面に陣取った房太郎。もし、強硬な反対意見が出たなら、ここから大音声で淀川治水の必要性を訴えて死ぬとの覚悟です。西村知事も、いつもの落ち着いた声が少し上ずって、諮問書を持つ手が震えているように見えました。

「以上、淀川改修に向けた調査、測量費を大阪府費で賄うとの建議を提案いたします。異議のある方は、挙手を願います」

しばしの沈黙の後、異議なし、との声がひとつ、そしてまたひとつ。やがて満場の拍手となりました。手ごたえを感じていたとはいえ、予想外の満場一致で採決。淀川大改修への一歩が踏み出されます。

その日の夕刻、房太郎はまた、知事官邸に招かれました。

「審議満了で、府会は終了。任期も満了で、選挙に突入します。大橋君、次の府会議員選挙には、立候補してくれますね」

「普通なら、まずは辞退申し上げるべきでしょうが、お受けします。我がためでなく、淀川のためにです」

この議会の終了後に行われた府会議員選挙に房太郎は出馬します。そして三十歳の若さで当選しました。ついに淀川改修を国に働きかける立場を得たのです。

西村捨三——大阪港築港の生みの親

西村捨三は天保十四年（一八四三）、彦根藩井伊家の作事奉行西村又次郎の三男として生まれた。作事（土木工事）に非凡な技術を持つ父に、石組みや作庭などを学ぶ。横死した大老直弼の跡を継いだ直憲に仕え、藩校弘道館の教授を務める一方、京都で周旋方（藩同士や幕府との外交を行う役職）として諸藩の情報収集にあたった。

維新後は旧藩主直憲について欧米を視察。最新の土木技術を学んだ。帰国後、新政府の内務省に出仕する。

薩長出身者が中心の新政府で、井伊家の家臣だった西村がどのような扱いを受けたかは、想像に難くない。だが彼は誠実な人柄と確かな仕事で信頼を得ていった。沖縄県令から内務省土木局長、そして明治二十二年（一八八九）三月に第六代大阪府知事を拝命する。在任は二十四年六月までの二年余りと短いが、その間、房太郎たちと協力して淀川大改修計画の策定にあたった。

西村は「治水は築港を以て完遂する」と、大阪港の築港を提言した。川の整備はその出口である海まで考えてこそ完成するという、土木技術者らしい着眼である。すでに川口の開港場は土砂の流入で大きな船が着岸できず、貿易の拠点を神戸に奪われつつあった。そこで天保山沖を浚渫し、その土砂で新しい港を築こうという計画を示した。この計画は次の山田信道知事に受け継がれたが、山田知事の要請で西村は大阪に戻り終生この築港事業に尽くした。

天保山公園に建てられた西村捨三の銅像。築港の生みの親と称えられる

陳情

三十歳の青年ながら榎本村村長、淀川水利委員、そして大阪府会議員。大橋房太郎は、淀川大改修を進めるための立場を手にしました。まずは、水利委員二十余名が京都府下の有志と連携を取って、淀川大改修の嘆願書に署名を集める運動から取り掛かりました。半年で集まった署名は、大阪府一、三五二名、京都府四五三名。この嘆願書を持って、房太郎は同志四名と共

に、東京へ陳情に赴きます。しかし、署名や嘆願ぐらいでは到底政府を動かせないと悟った房太郎、帰阪するや、新任の山田信道知事とも諮って、十二月の通常府会で淀川改修の建議案をまとめました。その内容は、おおむね以下のとおりです。

淀川は、治水の難しい大河である。流域が広く、滋賀県、京都府、大阪府にまたがり、一括して管轄できない。所轄府県の利害が異なり、統一した治水計画が立てられない。したがって、淀川改修を地方に委ねることは、実現不可能であり、国の事業として行って欲しい。

しかし、政府はこの陳情を受け取りながら、回答を保留しました。

「よし、書類を送るだけでは埒が明かん。斬り込むぞ」

明治二十五年（一九九二）七月、再び房太郎は上京します。今度は、水利委員ではなく大阪府の書記官高崎親章が同伴しました。

「大橋君の弁舌は、聞く者の肺腑を抉る真に迫ったものだが、政府を動かすにはそれだけでは駄目だよ。事実を裏付ける数字を資料として示さなければ官吏は動かないもんだ。高崎君を連れてゆきたまえ。彼の緻密な頭脳は、必ず大きな力になるよ」

西村知事の後任山田信道知事が、そう言って府庁から貸し出してくれた人材です。分厚い資料を用意して、房太郎に同行してくれました。

斬り込む相手は、内務省の事務次官白根専一。次官ながら内務省を陰から仕切る切れ者と噂される人物です。房太郎は、いつもの流儀で、挨拶もそこそこに淀川改修の重要性を大声で説き始めました。ところが、白根次官の反応は、きわめて冷ややかなものでした。房太郎をじろじろと上から下まで眺めると、椅子をきしませて横を向き、目をあわせようともせず、伸びた爪をゆっくりと切り始め、やすりで擦って、ふうっと削りかすを吹き飛ばしました。

「ふうん。で、淀川とかいう田舎の川のどぶ浚えをするんだ。それで、金を恵んでくれというのか、乞食め」

あまりにも尊大な態度に、むうっと黙り込んだ房太郎を気遣って、高崎書記官が書類を開いて説明を始めます。

「閣下、ここに淀川改修にあたっての測量資料がございます。まだ調査中で、不完全なものではありますが……」と話し始めた高崎書記官に、白根次官はいきなり怒声を浴びせました。

「おいっ、高崎君、君は官吏だろう。官吏は下賤な平民どもを指導する立場にあるんだ。その官吏が、府会議員だかなんだか知らんが、こんな卑しい民間人のお伴をして、召使いのように……。恥ずかしくないのか、ええっ。恥を知れ、恥を」

椅子の上で、身をすくめて固まってしまった高崎書記官に向って、白根次官は目の前にあるコップの水をざあっとぶっ掛けると、房太郎には目もくれずに席を立ってしまいました。

「高崎さん、すまない。私のせいであなたにまで不快な思いをさせてしまって」

尊大な官僚の態度に怒るよりも、まず巻き添えを食ってしまった高崎書記官に申し訳なくて、房太郎は懸命に詫びを言い、なだめました。しかし、真面目で実直な高崎書記官には、あまりにもショックが大きかったようです。すぐに大阪に戻ってしまいました。

「やれやれ、官吏の横暴には慣れているが、白根という奴は筋金入りの畜生やな。高崎さんには、悪いことをした。しかし、ここで引き下がる大橋ではないぞ。このままでは高崎さんを貸してくれた山田知事にも面目が立たぬ。よし、見ておれよ」

実はこの頃、総理大臣松方正義伯爵が率いる内閣には深刻な内部対立が起っていたのでした。この年、明治二十五年二月に行われた衆議院選挙で、政府側が自由党、立憲改進党の候補者に選挙妨害を加え、高知県など民権運動の盛んな県で政党支援者とこれに反対する勢力が衝突する暴動に発展したのです。全国での死者は二十五名にもおよび、閣僚の中にも批判する大臣が出るなど大問題となりました。選挙後に開かれた議会では、警察官を動員して政党側の弾圧にあたった責任者として、内務大臣品川弥二郎と白根専一内務次官を弾劾する動きが活発となり、ついに品川大臣は辞職に追い込まれたのです。後

松方正義（1835〜1924）
国立国会図書館蔵

副島種臣（1828～1905）

品川弥二郎（1843～1900）

写真提供＝国立国会図書館

任の副島種臣内務大臣は、大臣の権限で白根専一次官を更迭しようとしましたが、白根一派の悪辣な陰謀で逆に辞任させせられます。それが六月初めのことでしたから、知らないとはいえ、房太郎は最悪のタイミングで面会を申し込んだのです。白根次官の不機嫌は、決して房太郎や高崎書記官の責任ではなく、目の前の政争で治水どころではなかったというのが真相でした。

「しまったなぁ、事前にもっと事情を探ってから来るべきやった。ここは、いったん大阪へ引き上げるしかないのか」

ところが、数日を経ずして、事態は一転します。七月十四日、松方首相が兼任して空席となっていた内務大臣に、土佐出身の河野《こうの》敏《と》鎌《がま》が任命されました。河野新大臣はかつて法務官であった頃、上司だった江藤新平が故郷の佐賀に帰って反乱を起こしたことに義憤を感じ、自ら軍監として大阪鎮台の部隊と共に九州に赴いて江藤の反乱軍を鎮圧。さらに裁判官として元上司の江藤に死刑判決を下したという硬骨漢です。任命された翌日の十五日に、白根専一次官を呼びつけて厳しく糾弾し、その場で更迭を言い渡しました。

「これは、天の佑《たす》け。やはり、淀川治水は天命や。道が開けたな、よし、行くぞ」

次に面会を求めたのは、西村捨三前知事が知事就任にあたって前職を譲った古市公威土木局長です。さすがの房太郎も、今度は慎重に言葉を選んで、明治十八年の水害にあたっての住民の難儀から、その後の水利委員会、大阪府議会での審議の経緯を話しました。

「そのようなことから、昨年明治二十四年十二月の通常府会で、淀川改修を国の主導で行って欲しいと建議案を上げたのですが、保留となりましてご返事がいただけません。そこでこの房太郎が、淀川を代表してお願いに上がった次第です」

「はい、前の西村知事からもお話は伺っておりますよ。たいへんなご苦労を重ねられたそうな。それで、白根さんに会われたのですな」

先日のさんざんな面会の様子は、すでに伝わっているようです。土木局長としての実務の傍ら東京帝国大学で教鞭をとる学者でもある古市局長は、申し訳なさそうな表情で言葉を続けました。

「高崎君が作ってくれた書類は、私のもとにも来ていますよ。我が国では前例のない、たいへんな難事業だ。さて十五年、いや二十年は費やす大工事となるでしょうか。かかる費用も莫大だ。誰も喜んで賛成はしませんでしょう」

「お言葉を返しますが、治山治水は古代から治世の根本とされております。それを、自然の有様だから仕方がないと放置してよいのでしょうか。まして商都大阪は、多くの外国人が通商を求めてやってくる世界に向って開かれた港ですぞ。誰かが決断を下さねば、この日本はいつまでも文明に追いつかぬ後進国と侮られましょう」

「いや、そのとおり、同感です。しかし、官吏というのは人の命令を受けて動くもの。官吏に陳情するより、官吏を動かす立場にある人を動かすのが近道でしょう」

「それは、つまり閣僚、大臣の方々ですか」

「そして、帝国議会の議員の先生方。これからはこの国も、民意を受けて選ばれた先生方が、議会で議論を重ねて国の方向を示すことになりましょう。私たちのような官吏は、その命を守って責務をはたすのみ」

さらに古市局長は、新しい内務大臣河野敏鎌と埼玉から当選した衆議院議員湯本義憲《ゆもとよしのり》の名前を挙げました。

「是非とも会われたがよろしかろう。おふたりとも人物ですぞ」

古市局長の親切な対応に力づけられた房太郎は、大胆にも河野敏鎌内務卿を単身訪ねました。

着任早々、内務省の奸物白根専一を斬って捨てた河野大臣が、多忙の中はたして面会に応じてくれるのか一か八かの勝負でした。しかし、房太郎には少しの勝算がありました。河野大臣は土佐勤皇党の出身で、維新後に赦されるまで山内容堂公の追及を逃れて大阪の土佐藩邸に潜んでいたとの情報をつかんだのです。土佐藩邸は廣教小学校のすぐ近く、鰹座橋にあったと聞いています。そのあたりから話の糸口を見つけ出せないかと思ったのです。

古市局長の口ぞえがあったせいか、さいわいにも河野大臣は房太郎に会ってくれました。

「ほう、廣教小学校ちゅうたら薩摩堀の廣教寺のことかいの。こら、懐かしい。わしは、土佐藩の牢から後藤象二郎先生に助け出された後、しばらく大阪の藩邸に匿われておったんぜ」

峻厳との評判が嘘のような、気さくな話し振りです。いける、と判断した房太郎は、さっそく淀川改修の訴えをぶちかまします。ときに声を張り上げ、ときに涙を流し、一時間にもおよぶ陳情の最後には感極まって絶句し、土下座してしまった房太郎に、大臣は声をかけました。

「ようわかったき。そのうち古市局長から提案してくるじゃろ。ほいたら、そン時には閣議に諮ろう」

房太郎は、自分が大きな流れの中で動いているのを実感しました。

「それとな、松方総理にも会うていきや。今じゃき、会うてくれよう。ここだけの話やけんど、この内閣も長うはないぜよ。ともかく、総理に面会して陳情したという実績だけでも、後からものを言うじゃろ。今のうちじゃ」

夢のような話です。お礼の挨拶もそこそこ、飛ぶようにして総理官邸に向かいます。

「道が開けて行くぞ。追い風や、きっとうまく行く」

なんと首尾よく、応接室に招き入れられた房太郎、待つほどもなく薩摩藩閥の重鎮、松方正義伯爵が現れました。

「おはんな淀川の大橋君じゃね。君の名前は聞いておっど。おいは、あの十八年の水害の折、大蔵大臣として大阪へ視察に行った。数日かけて被害の現場を見てまわったもん。悲惨と言おうか、惨憺たるもんじゃった。君の心情はお察しもす。淀川改修の必要性は充分に認めておりますよ。内務大臣から閣議に提出されれば、しっかと協議いたしもそ。いや、ご苦労でした」

ねぎらいの言葉までかけられた房太郎は感激し、身の程もわきまえずに総理の手を握り、何度も何度も礼を述べました。

「これでよし、総理大臣に陳情して、約束を取り付けた。充分や。これを手土産にいったん大阪へ引き上げよう」

明治政府の権力闘争

明治十八年（一八八五）の内閣制度発足、二十二年（一八八九）の大日本帝国憲法発布、

そして翌年の第一回衆議院選挙と、日本は法制度のうえでも近代国家への道を歩み始めた。しかし一方で、それは明治維新という革命の終焉をも意味する。徳川幕府を倒し、国際社会に通用する新しい日本を目指して新政府を作った志士たちも、二十年経つと権力に狎れ、これ以上の新しい動きを好ましく思わない者も出てきた。明治二十五年の第二回衆議院選挙における選挙妨害は、そういった反動的な政治家や官僚たちの一部が、国民や世論をなめきって起こした暴挙と言えるだろう。

だが、もうひとつ、この事件の背景には政権内部での権力闘争という一面が見え隠れする。

明治十三年の国会期成同盟の結成以来、全国で多くの政党が生まれて消えていった。それらは大きく自由党と立憲改進党に収束されてきた。自由党の党首板垣退助は土佐藩出身、立憲改進党の党首は肥前藩出身の大隈重信。勢い、自由党の党員は土佐藩系が多く、立憲改進党は穏健な肥前藩系の党員が多かった。明治政府の高官は、倒幕の中心となった薩摩、長州、土佐、肥前の藩閥出身者がほとんどを占める。なかでも薩摩と長州は圧倒的な勢力だった。しかし、国会で自由党と立憲改進党が多数を占めるようになると、政府の中では少数派の土佐閥、肥前閥が力を増す可能性がある。現に選挙干渉を痛烈に批判して農商大臣を辞任した陸奥宗光は、紀州藩脱藩だが海援隊士として坂本龍馬の影響を強く受けてお

陸奥宗光（1844〜1897）
国立国会図書館蔵

り、土佐系の政治家とも見なされる。同じく批判的だった河野敏鎌は土佐藩出身、副島種臣は脱藩してはいるが肥前出身である。長州出身の品川弥二郎と白根専一が危機感を強めた理由はこの辺りにもありそうだ。

また、この事件の責任を問われて辞職した知事たちは多くが薩摩や肥後の出身者である。薩摩藩閥の松方正義総理のためによかれと思って行った選挙妨害だったのに、詰め腹を切らされる結果になった。薩摩閥の樺山資紀《かばやますけのり》と高島鞆之助《とものすけ》が怒って辞表を提出した背景は、そういうところかもしれない。

さらに陳情

帰阪した房太郎は、山田信道知事をはじめ、府会議員の同志や水利委員に陳情の結果を報告しました。

「内務大臣、総理大臣に面会したと……。これは驚いた。高崎君が泣きべそをかきながら帰ってきたときは、てっきり大失敗だと思ったが。いやぁ、大橋君、君はすごい。陳情の天才、いや陳情の神様だ」

山田知事は満面の笑顔で、言葉を極めて誉めそやします。

ところが、八月に入って、またまた政情が一転しました。選挙妨害事件後に松方正義総理大臣が行った一連の人事に、薩摩藩閥の高島鞆之助陸軍大臣、樺山資紀海軍大臣が反発。軍部の支持を失った松方内閣は総辞職しました。河野内務大臣の指摘どおりになったのです。せっかくの陳情も、閣議に淀川改修を諮るとの閣僚の約束も反古になってしまいました。

「やれやれ、またやり直しか。まぁええ。陳情の方法も、政府の事情も少しずつわかってきたぞ。これからや」

翌明治二十六年（一八九三）四月、房太郎は気力満々、勇躍東京に乗り込みます。

今回まず目指したのは、昨年の上京の折に面会する機会を得なかった衆議院議員湯本義憲です。湯本は嘉永二年（一八四九）武蔵国小針村生まれ、房太郎より十一歳年長です。埼玉県議会議員から転じて、明治二十三年に行われた我が国初の衆議院選挙で当選。第一回帝国議会に利根川治水の重要性を訴えた人物です。

「大橋君、君の評判はあちこちから聞いているよ。陳情の神様って呼ばれてるんだってね」

「いえ、そんな。滅相もない」

「謙遜しなくていいよ。先の松方正義総理大臣に陳情して、淀川治水を閣議に諮ると約束を取りつけたそうじゃないか。君、若いのになかなかやるねぇ」

湯本議員は目を細めて、初対面の房太郎を頼もしそうに見やります。

「しかし、せっかくの約束も、政変で反古になってしまいました」

「うぅん、そうだね。政治という奴は、一瞬で風向きが変わるもんだからね、難しいや。でも、閣僚に直接ぶつかってその心を動かすのは大切だよ。誰でも彼でもできるもんじゃない。真心というかね、赤心というか、本当に誠心誠意、人に接することができる君のような人にしかかなわないことだよ。ただね、治水には難しい問題がいくつもある。まず流域が複数の府県にまたがる利根川や淀川のような大河では、府県ごとにばらばらに治水をしようたってできるもんじゃない。上流、中流、下流でそれぞれ利害が異なるからね。国が主導する必要があるね。それに、莫大な費用を誰が負担するかという問題だ。なにしろ治水というのは馬鹿にお金と時間がかかる。しかも、ずっと後々まで補修と管理を続けなければならない。永遠に終わることのない事業なんだ」

「はい、よくわかります。私どもも、大阪府議会でさんざん苦労しました。改修のための調査費を府費で計上するかどうかで、まず大もめにもめて、それから淀川改修の建議を決議するまで、たいへんでした」

「大橋君、僕はね、河川の改修にあたって基本的な法律の制定が必要だと思う。国が主導し、流域の府県、市町村に費用を割り振って、その後の施設の管理も国が主導するという約束事をきちんと法律で決めておかないと。個々の河川の改修をいちいち議論して進めていては、治水の事業はいつまでたっても始まらない。今、僕たちは大日本治水会という団体を結成して、河川改修のための法律の素案を策定しているところだ。まずこの河川法あって、しかる後に利根川の、淀川の治水だよ」

「はいっ、おっしゃるとおりです」

「よし、僕たちはすでに同志だ。君は得意の陳情で事業を進めたまえ。僕は議会で河川法を制定して、後世に残る治水の基礎とする」

この日以来、ふたりは年齢を超えて親友と呼び合う仲になったのです。

一方で房太郎、土木局長、次官からあたりをつけ、閣僚との面談に持ち込むという手法を身につけて、今回も新閣僚にまでたどり着きました。新しい内閣総理大臣伊藤博文に面会して淀川の大橋という名前を印象付け、さらに大蔵大臣渡邊國武には財政支出の検討を要請しました。閣僚との面談も、最初のときは緊張しましたが、さすがに二度目ともなると堂に入ったもので、落ち着いてこなすことができました。

「よし、手ごたえがあるぞ。淀川改修は、遠からず閣議で決定されるやろう」

十数日を数えた日程をこなし、いよいよ帰阪というとき、突然の訃報がもたらされました。

鉄太郎を抱く房太郎

「テッタロウ　シス　スグ　カエレ」

房太郎は最初、文面の意味がのみこめませんでした。鉄太郎はまだ三歳の長男です。妻の胸に抱かれて「おとうちゃん、いってらっしゃい」と小さな手を振っていた鉄太郎になにが起ったのでしょう。「シス」が「死す」の意味だとわかるのにしばらく時間がかかりました。

「まさか、まさか、まさか。なんでや、なにがあったんや」

仕事が捗っているという充実感に満たされていた、自分の思い上がりが神様に罰せられたような気がしました。

「夢であってくれ、覚めてくれ。奇跡が起きてくれ。神様、淀川のことはもう忘れます。お願いですから、鉄太郎を戻して下さい」

しかし、帰宅した房太郎が目にしたのは、悲しみに沈む家族と、小さな亡骸でした。

「なんでや、なんでや」

呆然と立ち尽くす房太郎に取りすがって、留守番をしてくれていた母アサが声を上げて泣きます。問いかけても、言葉になりません。しばらく、ふたりは抱き合って、涙がかれるまで泣きつくしました。

やがて、親族のものが、ポツリポツリと事情を話してくれました。

「元気やったんやで、なにごともなかったんや。それがな、突然に熱を出して、そのまま死んでしもた」

「かぎは？　家内はどうしたんや」

「かぎさんはな、目を患って、山縣病院へ入院したんや。家の方は、お母はんが見てくれるやろ。別にどうということも、なかったんや。せやのに、せやのに突然の熱でな。誰もどうしようもなかったんや。すまんな、わしらがおりながら。堪忍やで、房太郎はん」

「おれのせいや。おれが家族を放って、東京に行ったから、神さんの罰が当たったんや」

呆然として立ち尽くす房太郎に、周囲の人々も、慰める言葉を見つけられませんでした。

陳情に次ぐ陳情

時の流れは容赦なく過ぎてゆきますが、悲しみに打ちひしがれた房太郎夫妻の心の傷は、癒えることがありません。四十九日の法要も済ませると親族が訪れることもまれになり、幼子のにぎやかな声が消えた家の中は、静まり返ったままです。

そんなある日のこと、仏壇の真新しい位牌に手を合わせていたかぎ夫人が、ふと顔を上げて房太郎を振り返りました。

「おまえさま、今、鉄太郎の声が聞こえました」

悲しみのあまり、空耳が聞こえたのだろうと思いましたが、房太郎は相槌を打ちました。

「そうか、鉄太郎はなんと言うてた」

かぎ夫人は、静かに首を振ると、ゆっくりと思い返すように呟きました。

「ただ、おとうさん、おかあさんとだけ」

「そうか、さびしいんやろな」

「いいえ、違います。鉄太郎は私たちのことを心配しているんです」

房太郎は、妻が伝えようとしていることがのみこめず、黙って見つめ返しました。

「おまえさま、仕事に戻って下さい。私たちがいつまでも悲しんで立ち止まっていたら、鉄太郎も心配で心配で浮かばれません。あなたのお仕事は、淀川ではありませんか。さぁ、仕事に戻って下さい。鉄太郎のためにも、早く」

「そうや、そのとおりや。よう言うてくれた。よし」

房太郎は、仏壇の前に座って深々と頭を下げると、勢いよく鉦を鳴らしました。

「行ってくるで、鉄太郎。弔い合戦や」

その年、明治二十六年（一八九三）の九月、帝国議会の開会を十一月に控えて上京する衆議院議員中谷徳恭、植場《うえば》平《はかる》に同道して、房太郎も政府に陳情に出掛けました。しかし、まだ内務省による測量が完了していない段階で返答はできないとはねつけられ、やむなくひとりで帰阪します。測量がまだなら、もう一度、府会で建議案を出そうと考えたのです。そうと決めると

陳情のために誂えた白い礼装で立つ房太郎。当時のお金で八円かかったと、房太郎は生前に何度も語ったという。房太郎の代用教員としての月給が六円だから、法外な価格ではないが、収入以上に経費がかさむ府会議員の彼には大きな出費だったのだろう。
身長一四五センチの短躯で、「淀川大橋房太郎」とのみ記されたはがき大の名刺を差し出す房太郎の陳情は、強烈な印象を与えた

動きの速い房太郎、精力的に府会議員の間を回ります。

「陳情をするには、裏づけになる資料と府会の決議が後押しになる。前の淀川改修建議から二年経つ。もう一回、建議を上げて、大阪府民の総意を政府に見せつけてやるんや」

十二月の通常府会で、再度の淀川改修建議案が議決されました。満場一致の決議です。念を入れるため、房太郎がその建議を持って上京し、関係省庁と閣僚に陳情することも決まりました。陳情の神様の名前は、すっかり府民の間でも定着していたのです。時の内務大臣は長州出身で維新の立役者でもあった元勲井上馨でしたが、政府との交渉にもすっかり慣れた房太郎は、堂々と建議書を手渡して淀川改修が一日の猶予もならない国の大事であるとぶちかましました。

政府の次は、議会です。親友、同志とお互いに認め合う衆議院議員湯本義憲のもとを訪ねます。

「湯本さん、議会の方は頼みます」

「心得ているよ、条約改正もなんとか目鼻がつき、今は幸い内外ともにどうにか落ち着いた情勢だ。ともすれば治世という本来の役目を忘れて、権力争いに走りたがる政治家の目を、治水に向けさせるいい機会だ。君もしっかり陳情に建議に奔走してくれ」

「よし、任せて下さい」

東西の盟友が手を携えて、それぞれの持ち場で獅子奮迅の活躍です。大きな政争の火種もなかったおかげで、利根川、淀川を代表とする大きな河川の改修の必要性が議会関係者の間でも認められ始めました。

「よし、淀川の前途は明るいぞ」

後を湯本議員に託して、ひとまず大阪へと戻った房太郎です。

ところがまた、あと一息のところで、河川改修問題は頓挫します。房太郎が帰って間もなく、明治二十七年五月に朝鮮で、日本や清など外国勢力の排斥を唱える東学党の乱が起きました。それを機会ととらえた清は朝鮮出兵の動きに出ます。清よりも先に朝鮮に兵を出そうとした伊藤博文内閣に対して、衆議院は内閣弾劾の決議案を上奏。伊藤内閣は衆議院を解散して直ちに派兵を決定しました。琉球の帰属問題や朝鮮への影響力拡大を巡って対立してきた李鴻章率いる大国清とついに一触即発の事態に進みます。

伊藤博文（1841～1909）
国立国会図書館蔵

「これはたいへんなことになった。相手は、弱っているとはいえ、広い国土を持つ中国や。戦争となれば、国民の目を治水に向けさせることはとうてい無理や。しばらくは我慢、我慢。時を待つしかない」

七月になり、朝鮮王国の首都漢城をはさんで日清両国の軍がにらみ合い、ついに二十三日に日本の陸軍が王宮を攻撃、占領したことから戦争が始まりました。両国とも数多くの死者を出しましたが、装備の近代化を急速に進めていた日本が陸戦、海戦でも中国軍を上回り、九月十七日の黄海海戦に敗れた清は、朝鮮への影響力を失います。鴨緑江を渡って中国の国土に攻め入った日本軍に対して、清軍の士気は低く、次々と敗退。ついに清海軍の主力である北洋艦隊の本拠地威海衛を占領した日本軍に、清の提督丁汝昌は清国兵の助命を遺言して自決しました。大勢が決した両国は、イギリス、アメリカの仲介で講和会議を開きます。下関会談と呼ばれるこの会議の結果、明治二十八年（一八九五）四月十七日に日清講和条約が結ばれました。

「ようし、待った甲斐があった。時は至れりや」

すぐに上京した房太郎は、内務省を訪ね松岡康毅《やすこわ》次官に面会しました。

「この度は、この大橋房太郎、戦勝のお祝いに駆けつけました」

ところが案に相違し、松岡次官は暗い顔です。

「君、聞いていませんか。講和条約から一週間も経たぬというのに、ロシアがフランス、ドイツをそそのかして、講和条件にあった遼東半島の割譲を撤回せよと通達してきたのです。もし撤回に応じなければ、フランス、ドイツと共に日本に対して戦端を開くとの脅しです。戦争が終わったばかりで、我が国の傷も深い。今、三国を相手に開戦となれば、この国はどうなるのか」

「一難去って、また一難というのですか」

「一難どころか、大難ですぞ」

もはや継ぐべき言葉もなく、尻尾を巻いて帰るしかありません。

大業は苦難の果てに成るということを、房太郎は固く信じて疑いません。何度くじけても、幾たび行方を阻まれても、いつか必ず道が開けるとの信念は変わりません。

三国干渉と後に呼ばれることとなるこの事態に対して、外務大臣陸奥宗光の進言を容れた伊藤総理大臣は、遼東半島の割譲を断念しました。ただし、その見返りに三千両の賠償金を上乗せすることを清国に認めさせます。こうして、日本は当時の金で三億六千万円に上る巨額の賠償金を手に入れ、日本が占領を解いた後の清の領土は、ロシア、ドイツ、フランス、イギリスが我が手を痛めることなく分け取りにしました。

戦後処理もようやくめどが立って、帝国議会が開かれることとなったこの年の暮れ、衆議院議員秋岡義一の壮行会が新地の料亭千原で開かれました。音頭を取ったのは、今や大阪府会を牽引する役割を担う房太郎です。宴もたけなわとなった頃、秋岡議員の周りから人が離れたのを見計らって、房太郎はするりと秋岡の横に膝を着きました。

「秋岡さん、ちょっと折り入ってお話があります。別室を用意させてますから」

策士とあだなされることもあった秋岡は、片方の眉を上げるとにやりと笑い、トイレに立つ振りをして廊下に出ます。何事もない様子で別の障子を開けて廊下に出た房太郎は、目配せをして少し離れた小さな部屋に秋岡議員を案内しました。

「秋岡さんは、かねてから地価の修正を提唱してこられましたな。この度も、帝国議会ではその提案を?」

「あぁ、そのつもりやが」

秋岡議員は、房太郎の酌を受けながら、探るような目を向けてきました。

「ずばり言おう、秋岡さん。この議会で淀川改修を決議してもらいたい。淀川改修こそ、一日たりとも遅れてはならない私たち大阪府民の一大事や」

「ほう、それで何か策があるのかね。わざわざ別室で密談というからには、おれにも見返りのある話なんだろう」

まぁ、君もどうだと返杯する秋岡の杯をぐうっと飲み干して、房太郎は強い目で見返しました。

「秋岡さん、国会ではこのところ立憲改進党に比べて、自由党が圧倒する勢いだ。去年の衆議院選挙でも、自由党百十五議席に対して立憲改進党は四十七議席と半分以下だ。国政の与党は自由党、それなのに……」

「大阪では、自由党は影が薄い。ふうん、治水のことしか頭にないかと思っていたが、よく調べているじゃないか」

秋岡は顎をなでると、酔った様子もなく杯を重ねます。

「そこでだ、大阪府会議員の大部分、水利委員、町村長がこぞって自由党に入党するという手土産を持って上京したら、国会の中での君の立場はどうなるかな、秋岡さん」

ふっふ、と含み笑いをもらすと、秋岡議員は徳利を上げて房太郎に酒を注ぎます。

「確約はあるんだろうな。空手形は困るぜ」

房太郎は杯を干すと、懐から小さな名簿を取り出して、秋岡の前に置きました。手にとってぱらぱらとめくると、秋岡の顔色が変わり、やがてゆっくりと片頰で笑みを浮かべました。

「よく集めたもんだ。だが、おれはまだ自由党員でも立憲改進党の党員でもない。これをどこに持ってゆくかによって、結果も変わる。たとえば、立憲改進党の大隈重信を訪ねたらどうなる」

「自由党総務の林有造さんを訪ねてくれ。話はついている。政権与党の自由党につくが得か、第二党の立憲改進党に我が身を売るのが得か。頭の良い秋岡さんは、とうにわかっているはず」

「……策士のおれを手玉に取るとはな。大橋房太郎、やはりただ者ではない。わかった、おれも約束を果たそう。乾杯だ」

林有造（1842〜1921）

ふたりはそれぞれの思いを抱いて杯を挙げ、静かに目礼して乾杯しました。

宴会場に肩を並べて戻ると、さすがに異変を察して言葉もなく静まっていた人々の間に、ざわめきと拍手が巻き起こりました。

「諸君、秋岡義一代議士は、この大阪府民を代表するすばらしい先生だ。万歳をもって送り出そうではないか」

房太郎の提案に、一同は立ち上がり、万歳を叫びます。

「秋岡さんのおかげで、我々の宿願が成るぞ。吉報を待とう」

房太郎の表情には、ゆるぎない自信がうかがえました。

伊藤博文と林有造

伊藤博文は松下村塾に学び、倒幕の前線に立った明治維新の第一世代である。列強と砲火を交えて、その圧倒的な軍事力を肌で知り、また苦労を重ねイギリスに密出国した経験から、英国流の立憲君主制を目指した。藩閥にとらわれず広く人材を登用し、憲法の起草、内閣制の発足、国会の開設と政党政治への移行を進めてきた。一方で、フランス流の急進的な共和制を志向する民権派に対しては、保安条例を適用して弾圧を図った。

しかし時代は伊藤の予想を上回る速度で回転を始めていた。日清戦争の戦後処理を巡る難しい政局で、首相伊藤博文は反政府色の強い自由党と手を組んだ。対決するより政権内部に取り込むことを選んだのである。これにより自由党党首板垣退助は内務大臣として入閣した。明治八年の大阪会議後に参議を辞して以来、二十一年振りの政権復帰である。

板垣退助
(1837～1919)
国立国会図書館蔵

この劇的な政変の舞台裏で活躍したのが自由党総務林有造である。国会で多数を得た政党が政権を左右する政党政治の始まりだった。伊藤の狙い通り、与党となった自由党は政府批判ができなくなり、以後は民衆の意思を反映する民党の性格を失い、政権維持や政争に明け暮れるようになる。

第五章　至誠通天

淀川万歳

年が明けて明治二十九年（一八九六）の正月。まだお屠蘇気分も醒めぬ一月三日、一通の電報が房太郎のもとに届きます。

「シキユウ　ジョウキョウサレタシ　アキオカ」

「来たか。さすがに策士、仕事が速いな」

房太郎は、その夜すぐに上京しました。

まっすぐに自由党の林有造総務を訪ねると、腫れ物に触るような丁重なもてなしです。

「林さん、私もこの度は、命をかけております。伊藤総理にお取次ぎを願います」

「わかりました。渡邊國武大蔵卿にも同席を頂く段取りです」

さっそく林有造総務の案内で、総理官邸に出向きました。房太郎の建議に対して、二度目の

伊藤博文が大橋房太郎に送った揮毫。伊藤は押しかけ同様に面会を求めてきた房太郎に会い、その人柄を高く評価した

面会となる伊藤博文総理は自分の意見を言わず、渡邊蔵相に顔を向けました。

「いかにも巨額です。二桁違いますのでね。一千万円を超えるかもしれません。これは難しい」

「閣下、申し上げます。今、この事業に取り掛かれば一千万円で済みましょう。しかしぐずぐずと決断を延ばして、数年後にかかるとならば四倍五倍の金額がかかります。日清戦役を勝利に導いた伊藤総理が、この度は大河の治水に乗り出すとなれば、その高名は後世に長く語り継がれることでしょう。賠償金も手元にある今こそ、その時ではございませんか」

「わかりました。大蔵卿、予算の許す範囲で淀川改修に取り掛かるという案はどうじゃ」

「異論はございませんな」

かくして明治二十九年二月二十四日開会の帝国議会に、淀川改修建議案が上程され、異議なく通過したのです。

いよいよというところで、これまで手厚く根回しと陳情を重ねたつもりが、房太郎たちに好意的だった古市公威土木局長の後任都築馨六局長から異論が出ました。

「いかに議決を頂いても、現状では土木局が事業を進めることは困難です。河川の流れを大きく変え、巨大な放水路や堤防を造成するのでしょう。その土地の収用はどうするのです。買い上げの交渉は、国がするのですか、大阪府ですか。費用はどこが出します。立ち退きを拒む住民に、どんな対策を講じますか。河身の管理と、堤防の管理は国が行いますか、大阪府ですか、該当する市町村ですか。現実に工事を進める上で必要な指針が、なにも示されていない。机上の空論としか思えませんが」

理論家の都築局長の意見は、まさに正論でした。

「しまったな。今まで現場の土木局長から横槍が入ったことがなかったもんやから、油断した。この土壇場で、また足踏みか」

房太郎は、盟友の湯本義憲議員を訪ねました。

「申し訳ない、ぬかりました。閣僚や議員に陳情するばかりで、現場の指揮を取る官吏に根回しを怠った、この房太郎の手抜かりです」

ところが、湯本議員は笑顔で応じます。

「さにあらず、さにあらず。これは勝機だね、勝った」

「どういうことでしょうか」

「都築君の意見は正論だよ。そのとおりなんだ。だから私は、河川の改修を国が主導する河川法という法律をまず制定する必要があると言い続けてきたんだ」

「しかし、土木局長が事業に取り掛かれないと言うのなら……」

湯本議員は、膝を打って話し始めました。

「大橋君、そこだ。都築局長には議会で証言してもらうつもりだよ。今のままでは、河川の改修には取り掛かれませんと。なぜなら法律が不備だからだと。それでいいんだ、それがなにより大きな提議だ。大河の改修には、その事業を進める指針を具体的に示す新たな法律が必要だというね。その上で、私は河川法案を提出する。これだよ、もう六年も前から取り組んできた素案だ」

湯本議員は分厚い書類を机の上に載せました。

「私はかねてから、各河川の改修の前に河川法という法律の制定が必要だと訴えてきた。それがこの国会では官僚の側から提示されるんだ。誰が反対するのかね。まず河川法案を可決する。しかる後、その適用第一号として淀川改修法案を可決する。どうだ」

「智謀、湧くがごときとはこのことです。恐れ入りました」

「なにを言うか。秋岡君を動かして、自由党の賛成を取りつけた君の手腕こそ智謀というんだ」

「いつも、もうひと息のところで挫折してきたのです。まだ信じられません」

「駄目なら、またやるさ。飲むかね」

「頂きます」

湯本議員の議会操縦は見事な舵さばきでした。

都築土木局長の証言はさすがに元法務官僚らしく、ひとつひとつ的を射抜くような鋭いもので、海千山千の議員たちも返す言葉がありません。うっかり質問を投げれば、逆に議員の無知や不勉強をさらすばかりで、議場は静まり返ってしまいました。

そこへ、湯本議員がやおら挙手して発言を求めます。

「議長、湯本義憲です」

「湯本義憲君の発言を認めます。どうぞ」

「私は、明治二十三年の第一回帝国議会に利根川改修とその指針となる河川法案を建議いたしました。以来六年、皆様もご存じのように国事多難で、治水への取り組みはいまだ進んでおりません。しかしながら、治山治水は治世の根源です。国を治めるは、水を治めるにあり。諸外国との不平等条約の改正にもめどが立ち、この度はアジアの大国清をもひざまずかせたこの大日本が、いまだ国土の治水に取り掛かることもかなわないというのは恥ずかしいことではございませんか。ただ今、土木局長から指摘があったとおり、治水の進め方を示す法律すら存在しないのが現状。ならばぜひこの国会で河川の改修にかかる河川法を制定していただきたい。

すでに素案は出来上がっております。ただちに審議にかかりたい。諸君、いかがか」

「異議なし！」

明治二十九年三月十日の議会で河川法案は可決され、河川法という法律が施行されることになりました。貴族院で審議にかけられ可決するのは二週間後の三月二十五日ですが、こちらは形式だけのことで、何の問題もありません。

「どうかな、大橋君」

「いや、お見事。官吏の横槍を逆に取って我が得物と為す。湯本さんのお手並みをしかと目に焼き付けました」

「これからだよ。次は淀川改修の決議だね」

「お願いします」

「お互いにね、頼んだよ」

河川法に引き続き、淀川改修法案が議事に上って、議決は三月二十三日と決まりました。議会工作はすでに自由党総務の林有造と、湯本議員の大日本治水会の面々で手抜かりなく進んでいました。しかし、つねに動いていないと気がすまない房太郎は、大阪府選出の議員植場平と秋岡義一を毎日のように訪ねて、首尾を確かめると共に叱咤します。

「もう堪忍してくれや。同じ相手を何度夜討ち朝駆けしたって、かえって不快に思われるだけやぞ。やるだけのことはやったんや」

「これで充分なんぞと考えるのは思い上がりや。星亭は、なにかと批判を浴びてるくせ者やけど、実力者や。あいつを落とさんと議決は難しい。今から行くで」

「あほ、今何時や。六時やろ。もうちょっと寝かせてくれ。頼むわ」

「ほなら、一時間だけ待つ。今日の目標は星亭、ええな」

こんな調子で迎えた議決の日。議場で待ち構える房太郎は、登院する人々を見るや、誰かれ構わず頭を下げて大音声で呼びかけます。

「淀川をよろしくお願いします。淀川をなにとぞ」

開会時間ぎりぎりまで土下座せんばかりに最後のお願いを繰り返すと、房太郎は大急ぎで傍聴席に駆け上がりました。

「あっ、これ。議場内を走ってはいかん！」

衛視があわてて制止するのを尻目に、短い脚を飛ばして傍聴席の最前列に割り込むと、身を乗り出して議場をにらみつけます。

「よし、自由党の議員はほぼ顔ぶれがそろってる。治水会の議員はもちろん出席や。議決はなる。見届けさせてもらうで」

やがて、伊藤博文内閣総理大臣をはじめとして、閣僚が入場します。芳川顯正内務大臣、渡

衆議院予算委員長・星亨（1850〜1901、国立国会図書館蔵）
町人出身ながら英語に堪能で弁護士、代議士として活躍する。圭角のある性格で憎まれることも多かった。後に斬殺される

邊國武大蔵大臣など、陳情を重ねてすっかり親しくなった担当大臣の表情を確かめるように、房太郎はじっと目を凝らしました。

やがて議事が進み、くせ者と名高い星亨予算委員長が登壇します。脇に挟んでいた書類を開き、エエッ、と癖のある咳払いを響かせ、議場をぐるりと眺めます。眼鏡の奥から、人を見下したような独特の目の光を放つと、口を開きました。

「予算委員会の結果を報告いたします。過日、議事満了となりました河川法の議決の結果を受けてでございますが、木曽川、淀川、筑後川等の改修予算は、異議なく原案通り可決いたしました」

「うわあっ」

躍り上がって声を上げた房太郎ですが、それも満場の拍手の音にかき消されました。

「やった、やったぞ。淀川や、淀川が生まれ変わるんや」

それからの二昼夜、房太郎は一睡もせず、議決に関わった自由党の議員、治水会の会員、内務官僚や閣僚にいたるまで、くまなく面会し、礼を述べてまわりました。眠らなかったのではなく、興奮のあまり眠れなかったというのが正しいかもしれません。そして、貴族院での議決を迎えます。三月二十五日には河川法案が貴族院でも可決され、あくる二十六日は引き続いて淀川等の河川の改修に関する予算委員会の報告が行われます。さすがに議論の場である衆議院と異なって、貴族院の重厚な雰囲気には独特のものがあります。房太郎も、我になく気圧されて、傍聴席の最前列に陣取ることは憚られました。新聞記者の間に紛れ込んで、記者席の隅っこに身を置くと、身を潜めるような気分になります。議場では、謡のような独特の間延びした節回しの議長の声が響き、それに応える貴族たちの掛け声でゆったりと議事が進みます。いつしか房太郎は、体の奥から忍び寄ってきた心地よい睡魔に全身を抱きかかえられて、うとうとと夢の世界に誘い込まれました。

「シンニョウはもっとゆったりと払って。止めるところは、しっかりと止めるんや。書はその人を現す。どんな字を書くかというのは、どんな生き方をするかというのと同じや」

筆を握る幼い房太郎の手に、手を重ねて字を教えて下さる江村秀山師。

「これは eau de vie だよ。ぶどう酒を煮詰めて造った焼酎のようなもんだ。いい香りだろう。その名もマルキ・ド・モンテスキューという。いや、法学者のモンテスキューとは血筋が違う。彼は男爵、このモンテスキューは侯爵でね。若い頃はダルタニャンと呼ばれて、ルイ十三世の近衛銃士隊きっての荒くれ者だったが、後に元帥にまで昇進するんだ。その子孫が今は酒を作っているのさ、面白いだろ」

男前でちょっと気障だった河津祐之博士が、酒にほんのりと目のふちを赤らめて、楽しそうに語りかけます。

「僕は、法律のような動きのない学問は性に合わん。細かい一言一句を吟味するより、生きた人間と切った張ったのほうが合ってるんだ。僕の語学力を生かすなら、外交の仕事がいちばんじゃ」

小さな背を反らして嘯《うそぶ》く小村寿太郎先生。

「法が先か、人が先か。そりゃ、法じゃろ。せやけんど、法は人のためにあるちゅうことを忘れんでごしない」

穏やかな渋川忠二郎先生が、去ってゆきます。

「デモクラシーの基本は、自由、平等、友愛だ。日本では、自由と平等ばかりをうるさく求める。でも、その背後に相手の立場を尊重する友愛という心がなければ、政治は単に立場の違うもの同士の争いに過ぎない。心がこもらないじゃないか。ね、そうだろ」

政治の基本は愛だと説く、鳩山和夫博士。

汽車の汽笛と熱い蒸気、油の焼ける匂い。泥に覆われた大阪の町。建野郷三知事が差し出す杯、西村捨三知事の温顔、「おとうちゃん、いってらっしゃい」と手を振る鉄太郎の頬のえくぼ……。

「淀川その他の河川の改修議案は、異議なく可決されました」

近衛篤麿委員長の宣言に拍手が湧く前に、房太郎は飛び上がるように席を立つとありったけの声で叫びました。

「淀川、万歳！　ばんざい、ばんざい、ばんざい」

衆議院と違って、静かな拍手で締めくくられる貴族院の議場に、房太郎の大声が響き渡ります。

「淀川、ばんざい」。衛視の踏み鳴らす革長靴《ブーツ》の音もかき消されるほどの大声。

「淀川、ばんざい、ばんざい、ばんざい」

小さな房太郎の体を引きずり出すのに、屈強な衛視が三人もかかりました。記者席の扉が閉じられる前に、もう一度「淀川、ばんざい」と声が響き、扉が軋む音をかき消しました。幾人かの記者が、後を追います。閉じられた扉の外に、まだ聞こえる「淀川、ばんざい」の声は、議場に残る人々の心に長く残りました。

貴族院議長・近衛篤麿（1863〜1904、国立国会図書館蔵）単なる飾り物の貴族ではなく、政治的行動も活発だった。アジアを重視する姿勢は長男の文麿に受け継がれた。その他の男子は音楽の世界に進んだ

立ち退き交渉

国会の承認を得たとは言え、大河川の流れを大きく変える巨大事業です。現場での測量や地質、地形の調査から設計にいたるまですべてを指導したのは、オランダ人の技術顧問ヨハニス・デ・レーケ（Johannis de Rijke）でした。彼は明治六年（一八七三）にG・A・エッシャー（George Arnold Escher）と共に来日して以来、先に日本に招かれていたC・J・ファン・ドールン（Cornelis Johannes van Doorn）と大阪港などの港湾整備や河川の改修にあたってきたベテラン技師です。すでに明治十九年（一八八六）に木曽川の改修工事を完成させていました。

ヨハニス・デ・レーケ（1842～1913）。オランダ人土木技師。三十年にもわたって滞日し、淀川、木曽川、筑後川など各地の河川改修にあたった（建設省中部地方建設局木曽川下流工事事務所編集発行『デ・レーケとその業績』より）

　日本人の技術主任は沖野忠雄工学博士。若き日、古市公威土木局長と共にフランスに留学し、エコール・サントラールで土木技術を学んだ仲です。この沖野とレーケは、毎年のように氾濫を起こし、大阪の人々を長く苦しめてきた淀川という難河に真っ向から取り組むこととなります。

まずは淀川が大きく九十度屈曲して、氾濫しやすい難所である毛馬の辺りから、まっすぐ西へ向って人工の放水路を設け、淀川の本流を付け替える工事が検討されました。当時、毛馬村の少し北で本流から分かれていた支流の中津川の流域を大きく掘り広げて、淀川の水の大部分をこちらに流すのです。

あわせて毛馬に水門を設け、もと本流であった大川に流れ込む水量を調節できるようにし、これを支流として大阪市街中心部の被災を防ぐのです。

また、守口から枚方にかけての流域をできるだけ直線にして、堤防を強化することも眼目でした。さらに淀川の水源である琵琶湖から流れ出す源流瀬田川や、宇治川、桂川などの諸河川も整備する必要があります。

沖野忠雄（1854〜1921）。但馬国豊岡藩出身。淀川の改修にあたっては建築機械を導入し、大阪港築港にも尽力した（淀川資料館蔵）

ここに、大きな問題が出てきました。広大な土地を買収し、住民に立ち退いてもらわなければ工事は進められません。この工事に関係する市町村の数は二十三におよび、地権者は三千人を超えます。なかには一村まるごと水の底に沈むような集落もあり、立ち退きの交渉は難航することが誰の目にも明らかでした。

この交渉にあたる難事解決委員として、真っ先に指名されたのが大橋房太郎、そして左岸の大橋、右岸の植場と並び称される衆議院議員植場平も選ばれました。他に藤富衛、西村専太郎、塩山武次郎、北浦貞治郎と総勢六人の侍たち。さっそく打ちそろって内海忠勝大阪府知事の公邸を訪ねました。

「まずは、知事閣下のご存念を賜りたい」

最初に口を開いたのは、房太郎です。

「任せた以上は、すべて君たちに委ねる。よしなに頼むよ」

長州藩士として蛤御門の変にも出陣した内海知事は、各県の県令、知事を歴任した老練の地方官です。上から口を出すより、地元の事情を知る面々に丸投げしてしまう方がうまく行くということを、よく知っていたのでしょう。

「私たちの一存でことを進めてよろしいのですな」

「そのとおり。人を信じるというのはそういうことだ。私は君たちを信頼している」

「よろしゅうございます。そこまでおっしゃるなら、私どもこの体、この命を惜しみません。必ずや住民、地権者を説得し、工事を成功させましょう。もとより、かの明治十八年の水害の惨禍を見たときから、この大橋房太郎はただひとつのことを考えてきたのです。淀川の大改修、それあるのみ」

法案可決の道程で辛酸を舐めてきた房太郎は、さすがに慎重でした。まずは民間の有力者に

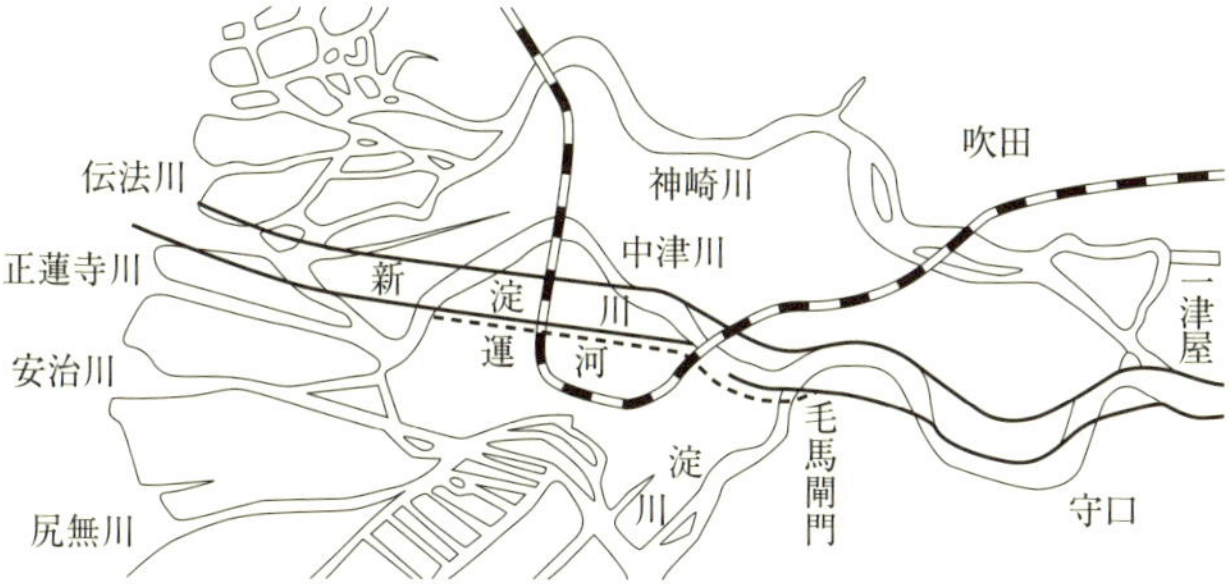

新淀川の河道（『大阪はのびてゆく』をもとに作成）

淀川大改修の概略を示して、協力を求めました。これは順序さえ踏めば問題はありません。

次は世論の喚起です。広く大阪府民に淀川大改修の必要性を訴え、そのために新淀川という人工の河川の開削が必要であると認めさせなければなりません。これこそは、房太郎が得意中の得意とすることでした。

「よし、至誠通天や。この房太郎の淀川を大阪を思う真心を、声が嗄れるまで叫ぶで」

関係二十三町村のすべてで演説会を開きました。淀川を治め、大阪を子々孫々の代まで、まだこの世に生まれてきてはいない未来の府民にいたるまで、安心して暮らせる安全な町にという訴えは、多くの人の賛同を得ました。

そしていよいよ、先祖伝来の土地を失う地権者たちへの戸別訪問です。直接に自分の財産がかかった交渉は、真心や理念で拍手を頂けるような生易しいものではありません。房太郎たちは手分けして地権者のもとを回り、工事の概要を説明した上で、土地の供出と立ち退きをお願いしました。もちろん、一度の説明でうんと言うお人よしはいません。二度、三度と足を運び、言葉を尽くして相手の理解を求める以外、方法はありませんでした。

「去る明治十八年の水害をお忘れになりましたか。どれほど多くの人が命を失い、家族を失い、土地を流され、家を壊されて塗炭の苦しみを味わいましたでしょう。よもやお忘れではございますまい。このまま淀川を放っておいては、またいずれ水害が襲ってくる。いつとは誰にもわかりません。しかし、今までそうだったように、これからも必ず水害はやってくるのです。その度に府民の財産が失われ、経済は停滞する。わかっていて放置するのは、この文明の世の中ではたして許されることでしょうか。今一時は負担となり、利を失うことですが、それが未来に生かされるのです。この大阪の大きな財産となって返ってくるのです。百年後の大阪のために、どうかどうか、利を捨てていただきたい」

説き来たり、説き去り、声を張り上げて、また切々と訴え、ついには涙を流して土下座する房太郎の説得に、ひとりふたりと賛同してくれる地主も出てきました。

その一方で、立ち退きを拒否する住民たちが集団で怒鳴り込んでくることもありました。

「大橋！　出て来い。政府の犬めが、いくら貰うてわしらを追い出す汚い仕事を引き受けくさった。殺したるから、出て来い」

こういう修羅場で、かえって度胸が据わるのが房太郎の真骨頂です。

「皆さん、この大橋が金で府民を売るような人間に見えますか」

「おう、見えるわ。丸見えじゃ。なんぼ儲けるつもりや」

「そう見えるなら、失礼ながら皆さんの僻目というもんですよ」

「僻目とはなんじゃい」

「僻目とは、自分勝手な欲望から、他人もみな同じように欲に駆られて動いていると思い込んでしまうことですよ」

「なんやとぉ、生意気なことぬかすなや。いてもうたろか」

こぶしを振り上げ、中には鍬や鎌をこれ見よがしに振り回してみせる者もいます。

「まぁ、落ち着いて下さい。そう慌てんでも、私を殺したければいつでもできることです」

房太郎は、猛り立つ人々の顔をゆっくりと見回します。大勢で取り囲んで気勢を上げていた人も、面と向って目を合わせて話しかけられると気圧されるのか、次第に静まり始めました。

「たしかに、今の生活を手放して別の場所に移るのはたいへんなことです。しかし、淀川をこのままにしておれば、いずれ皆さんの生活は水に襲われ、財産はおろか命さえも失いかねないのですよ。十八年の水害をお忘れですか。あのときの惨状を忘れたのですか。今、目の前の生活にしがみついて、未来を失うのですよ。皆さん方の村は、新しい淀川の底に沈むことにな

工事が進み姿を現した新淀川。遠く霞む対岸までの距離は八百メートルにもなる。いかに大規模な工事であったか、想像もおよばない

りますが、淀川を広げ、新しい水路を作ることで不要になった中津川の一部は埋め立てられて豊かな農地に生まれ変わります。その地で、こんどこそ水害に怯えることなく、安全な暮らしが得られるのです。そのための一時の苦難をどうか我慢して頂きたい。それが皆様方のためになるから、こうしてお願いをしているのです」

やがて、一座が静まると、なかには理解を示す人も出てきます。

「いや、それはわからんでもないが、しかし……」

「そうですか、わかって下さいますか。有難う、ありがとう。この大橋房太郎、至誠をもって皆さん方のために働いてまいりました。これからも至誠を貫くつもりです。有難う、ありがとうございます」

こんなことが何度続いたでしょう。繰り返しても、繰り返しても埒が明きません。

自分たちの集落を川の下に沈めることをよしとしない農民たちのなかには「逆賊・大橋!」と房太郎の命を狙う者まで出るほど交渉は難航しました。交渉のさなかにやおらピストルを取り出し、銃口を向けてきた者もいました。演説会の帰りを襲われ、殴り倒されたこともありました。それでも、房太郎はひるみません。自分を襲った者に向って胸を張り、工事の必要なことを声を嗄らして訴えかけました。所轄の十三警察署の署長は危険を感じて、数名の巡査にサーベルを帯刀させて護衛につけたほどです。

工事中の毛馬の閘門。巨大な工作機械が使われている様子がわかる。それにしても、動力は多く人に頼っていた

しかし、川原に小石を積んでゆくような気の遠くなる難事ですが、ひとつひとつ説得を続けるうちに、さすがに世論が変わり始めました。大阪の運命をかけて国家が進める大事業だとの認識が広まり、ついに土地の収用にも目途が立ってきたのです。

工事は当初、明治二十九年度から三十八年度までの十年の予定でしたが、明治三十七年は日露戦争のため予算の執行が停止され、工事も中止されました。その後、工事は再開されましたが、さらに工期を延期されて、工費も百万円追加されます。

明治四十二年（1909）六月一日、毛馬の閘門で淀川改修工事の竣工式が行われた。会場でくつろぐ関係者を撮影したスナップ。房太郎の姿も見える（中央右側）

原形のまま保存展示されている毛馬の閘門。上の写真と、ほぼ同じ位置から撮影した。旧洗堰や淀川改修紀功碑などと共に誰でも見学することができる

そして、明治四十二年（一九〇九）六月一日、毛馬の閘門で淀川改修工事竣工式が開催されました。内務大臣、関係各府県知事の祝辞に続いて、この工事の立役者とも言うべき房太郎の祝辞が述べられました。

「とうとう、ここまで来た。徒手空拳で大河の治水を誓ったのは何年前のことやったか。二十四年が経つのか……」

完成した堤防の上に立つ房太郎。新しい堤防は従来の土堤ではなく、石で組み上げられたものだった。人だけでなく車も通れるような幅の広い堤防は人々を驚かせた。その上に町を築けるような巨大な堤防は現在ではスーパー堤防と呼ばれ、各地で築堤されている

間もなく梅雨が始まる季節に、広がる空を見上げた房太郎は、大きく息を吸い込みました。ふと見ると、大阪府知事高崎親章がなんともいえないまぶしそうな笑顔で演壇の房太郎を見上げています。

「そうや、高崎さんと東京へ陳情に出向いて、内務次官の白根専一に怒鳴りつけられたことがあった。松方内閣のときやったなぁ。あれが東京での本格的な陳情の始まりやった。あの高崎

さんが、今日は大阪府知事として列席してるんや」

たくさんの思い出と多くの人の思いが、房太郎の心を動かしました。その日の房太郎の演説は、居並ぶ人々の心を打ち、一世一代の名演説と長く語り継がれることになったのです。二十五歳の書生だった房太郎は、すでに四十八歳となっていました。

淀川改修紀功碑

その後の淀川

竣工式の後もさらに一年、河川法に基づく付帯工事が行われましたので、実際にこの淀川大改修工事が完了したのは明治四十三年度のことです。ただ、それに先立って前年の四十二年に竣工式が行われたので、毛馬の淀川改修紀功碑には明治四十二年の年期が刻まれています。

これほどの大工事を嘲笑うように、再び水害が襲ったのは年号が変わって大正六年（一九一七）のことでした。九月二十八日から降り続いた台風の影響による大雨で、十月一日早朝に、まず支流の芥川の堤防が決壊し、ついで淀川本流右岸の大冠村大塚の堤防が大きく崩れました。世に言う「大塚切れ」です。右岸と左岸の違いこそあれ、明治十八年（一八八五）

「大塚切れ」の決壊箇所。現在の高槻市大塚町の淀川沿いにあたる（淀川資料館蔵）

の水害と同じ展開です。ちょうど大塚は先の大水害で決壊した枚方の伊加賀の対岸、しかも決壊地点の大冠村は、房太郎にとっては長年の同志である衆議院議員植場平の地盤ではありませんか。房太郎は左岸の防水のため現場を飛びまわっていましたが、右岸決壊の一報に接すると、上流へ上流へと迂回して何とか右岸にたどり着きます。やっと見つけ出した盟友植場は一面泥の海と化したふるさとの村を見下ろす場所で、しゃがみこんでいました。

「植場君、しっかりしろ。大橋だ」

「あぁ、大橋君か。おれの村が……」

「気をしっかり持て。ここから立ち上がるんだ。むかし、君がおれを励ましてくれた言葉を今そのままお返ししよう。立つんだ、ここでくじけてどうする。ここから始めるんだ」

軒先まで浸水した高槻市の中心部。水深は四メートルに達したと推測される（淀川資料館蔵）

植場を助けて猛烈な陳情を始めた房太郎を妨げるものはありません。内務大臣後藤新平の快諾を得て、上流の瀬田川洗堰の見直し、川幅の増幅、堤防の増強が図られて、淀川は更なる改修を受けることとなりました。

　それ以後、大阪港の高潮による大阪市内の浸水はありましたが、淀川本流の堤防が決壊することはありませんでした。昭和二十八年（一九五三）の十三号台風による洪水では、上流の宇治川、支流の芥川、檜尾川が決壊しましたが、淀川本流の堤防は辛うじて難を免れました。枚方の堤防は天端まであと一メートルのところまで水が迫っていましたが、踏みとどまったのです。先人たちの努力が、今一度の水害を防ぎました。

晩年

房太郎はその後も淀川の治水に力を注ぎ、大正十二年（一九二三）には時の内務大臣後藤新平から「治水翁」の名を与えられました。四條畷神社には功労を称える紀功碑と並んで治水翁碑が建てられています。碑に刻まれた治水翁の文字は、後藤新平の揮毫によるものです。大橋家はもと楠木氏の寄騎《よりき》であったことから、有志の手で楠木氏と関わりの深いこの神社に建立されました。その碑は、生駒山系の高台から淀川の流域を今も静かに見守っています。

「治国在治水（国を治むるは水を治むるにあり）」総理大臣清浦奎吾から贈られた言葉です。名前は高くなっても金には縁がなく、ついには自宅を手放して転居を繰り返したほどですが、それを苦にもせず、子供や孫、良い家族に恵まれて、晩年は市会議員として公務に身を捧げました。

完成した「大橋房太郎紀功碑」と「治水翁碑」の前に立つ房太郎

房太郎は胃癌に冒されていました。昭和十年（一九三五）四月七日に自宅で倒れて東区今橋の湯川胃腸病院に入院し、その後、赤十字病院に転院します。その年の梅雨は雨が続いて、それを気

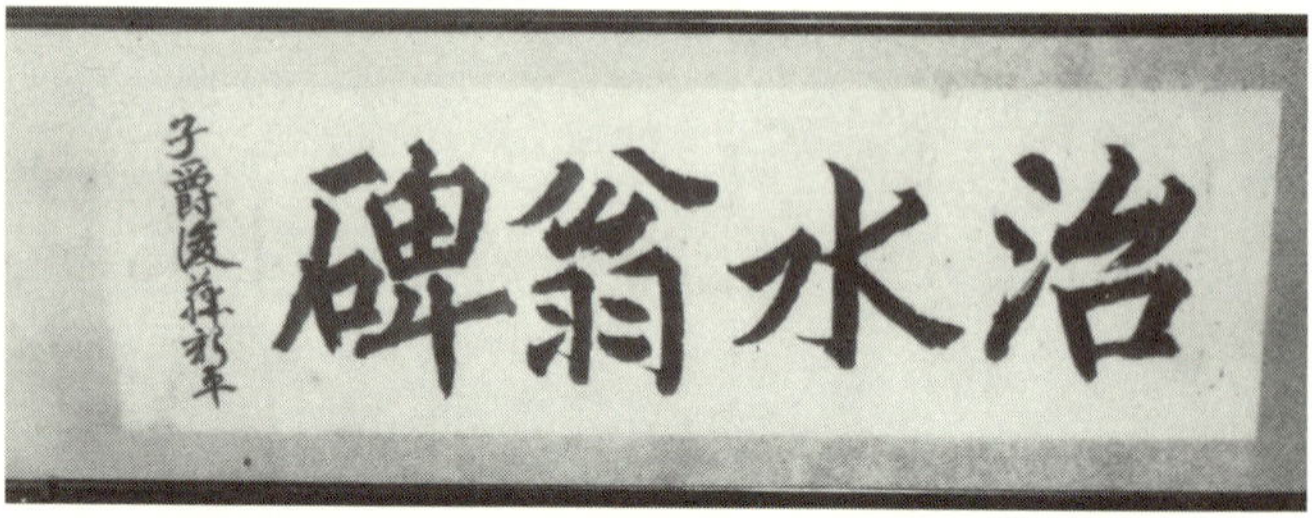

「治水翁碑」の題字。子爵後藤新平の署名を見ることができる

後藤新平（1857〜1929、国立国会図書館蔵）。陸奥国水沢藩出身。大正六年の淀川右岸大水害当時の内務大臣だった。房太郎や植場平とはこれがきっかけで肝胆相照らす仲となった。後藤はもと医師で、内務省の官僚から政治家に転身した。板垣退助が襲撃されたときに治療にあたったという経歴を持つ。左は同じく後藤新平から贈られた扇面

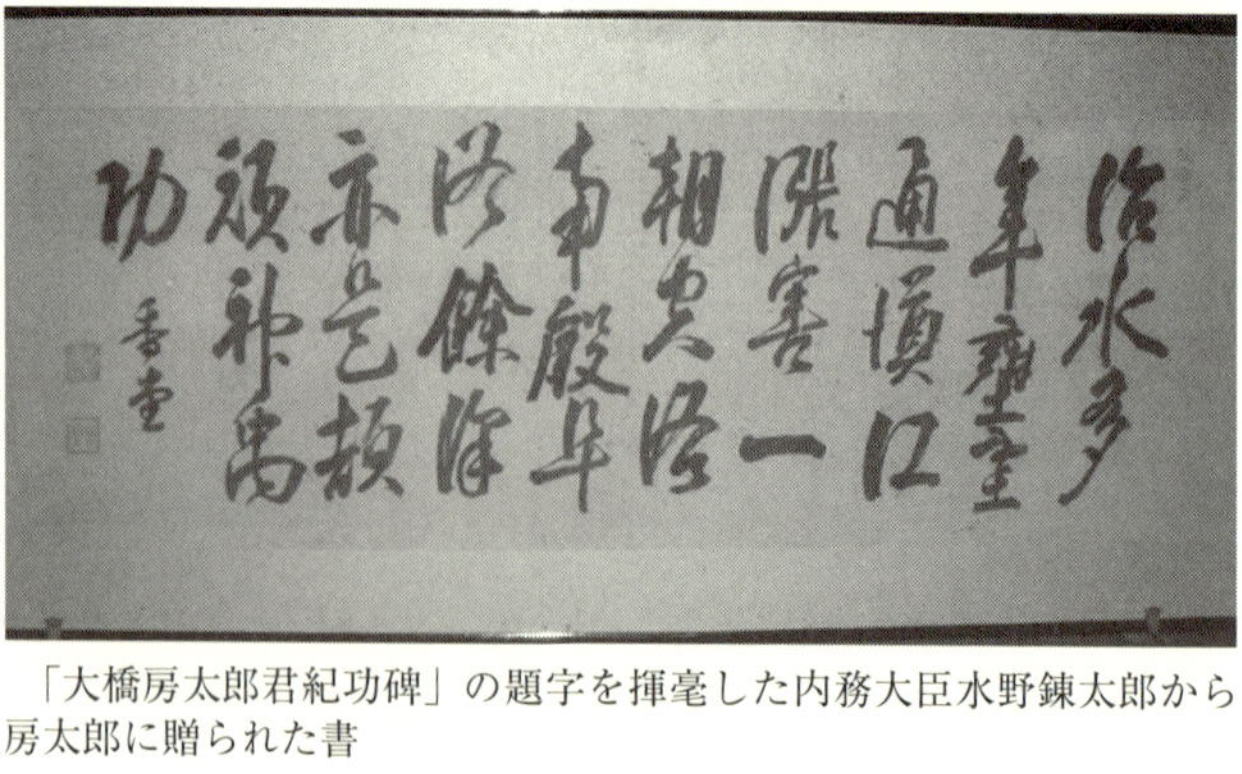

「大橋房太郎君紀功碑」の題字を揮毫した内務大臣水野錬太郎から房太郎に贈られた書

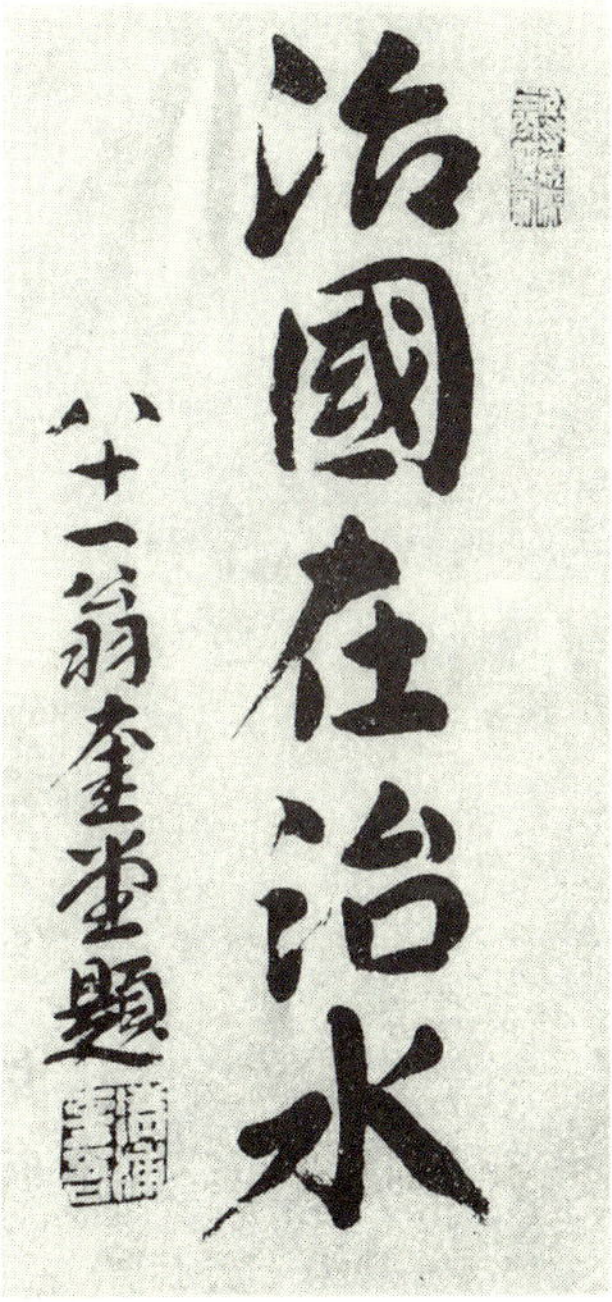

清浦奎吾（1850～1942、国立国会図書館蔵）。肥後国鹿本郡来民村の僧侶の子として生まれる。奎堂は清浦の号である

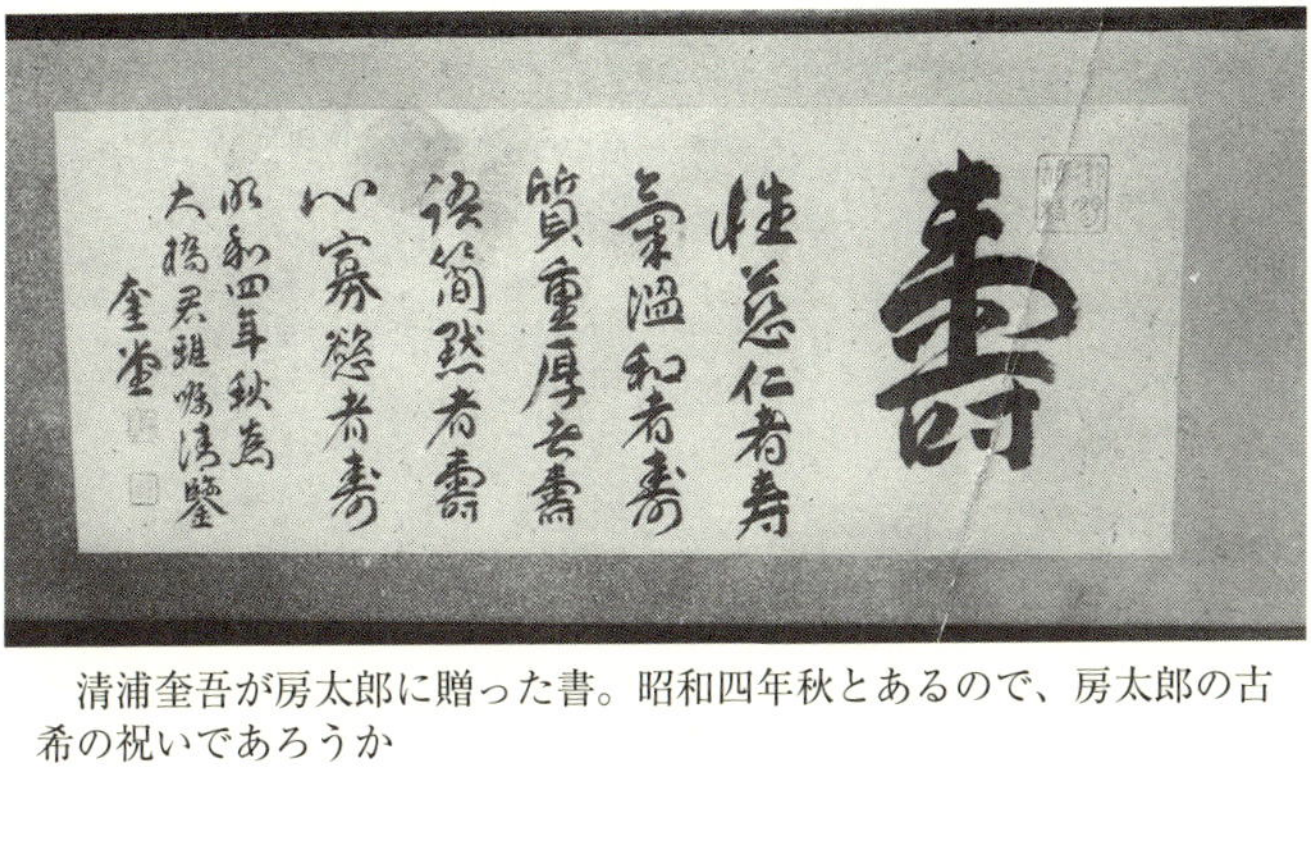

清浦奎吾が房太郎に贈った書。昭和四年秋とあるので、房太郎の古希の祝いであろうか

家族の肖像写真。左端は府会議長を務めた次男・治房

遺った病床の房太郎は、子息で府会議員として活躍する治房に問いかけました。

「今日も雨やなぁ。淀川は大丈夫か」

「淀川は大丈夫です。お父さんたちの努力のおかげですよ」

「そうか、ありがたいなぁ」

長い雨が上がったあと、やっとやんだなと安心したように呟くと、房太郎は意識を失いました。そして数日後、その魂は梅雨空に吸い込まれるように、天に召されました。昭和十年六月三十日のことです。満七十四歳でした。梅雨のさなかに亡くなったのは、水が人を苦しめぬよう我が身を捧げたのでしょうか。治水が彼の天職であったことの証しかもしれません。

葬儀は七月六日午後二時から、大阪市中央公会堂で市民葬として行われました。中央公会堂で葬儀が行われたのは、同じ昭和十年一月に亡くなった名市長関一《せきはじめ》と共にたった二例しかありません。御堂筋開通に力を尽くした関一と淀川改修に命をかけた大橋房太郎、大阪市民にとってもっとも大切な名前と言えるでしょう。

昭和十年大阪市中央公会堂で行われた大橋房太郎の市民葬の記念写真。公会堂は葬儀を受け付けておらず、この年に大阪市会の決議を受けて行われた関一市長と房太郎の葬儀のみが記録に残るたった二つの例外である

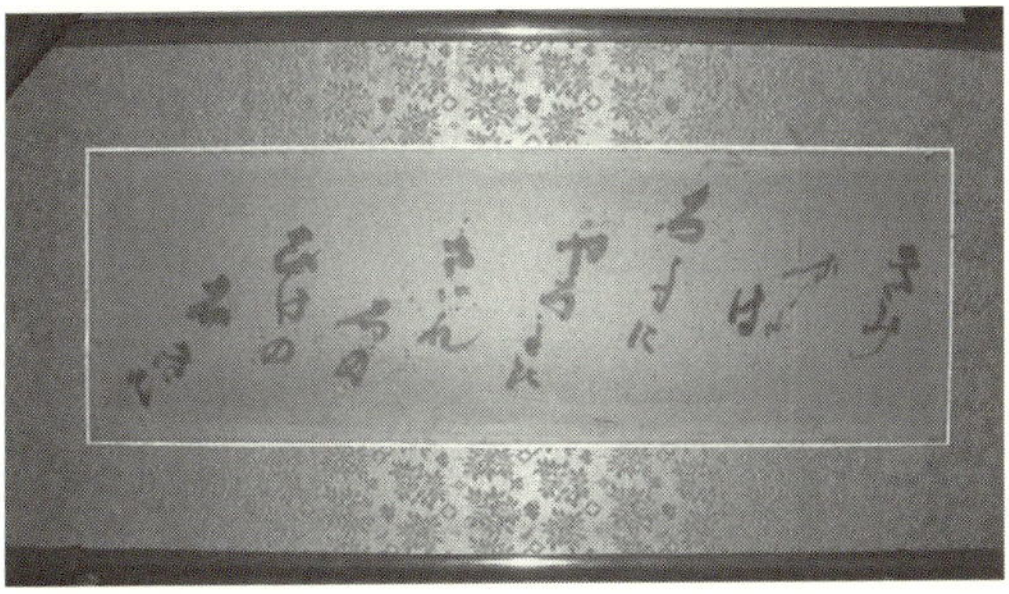

房太郎が病床で書いた絶筆。「君が代」の歌詞である

孫たちを連れて生駒歓喜聖天宮に参拝した時のスナップ。房太郎は阿遅速雄神社や聖天さんへのお参りを欠かさなかった。右は、大正十一年秋に新宿御苑での観菊御会に召された途次、日光東照宮に参拝した大橋夫妻の記念写真である

房太郎は大正十一年に藍綬褒章飾版を授与された。長年にわたる淀川の治水への貢献があらためて評価されたのである。飾版は、褒章を受けた者に重ねて同じ褒賞を与えるときに与えられる章である。生前に授与される例は極めて少ない

余滴　あとがきに代えて

伝記は、人が人生というテーマと取り組んだ記録です。ただ一生の記録を正確に残すだけなら、履歴書で充分でしょう。そして、普通の人の履歴というものは決して長文にはなりません。生まれて、仕事につき、結婚をして、子供ができて、そして死ぬ。五行で足りるものです。伝記が残る人というのは、ある意味で業が深く、物語を抱えた人物だと言えます。

大橋房太郎にとっての人生の主題は、淀川という巨大な難河でした。歴史に「もし」は禁句だと言われますが、もし明治十八年の淀川大水害がなければ、房太郎は型破りな裁判官として関わりのある人々の記憶に残り、やがて消えていくありふれたひとりであったかもしれません。しかし、房太郎は運命に導かれて数奇な人生を歩みました。淀川が房太郎の人生を変えただけでなく、房太郎が淀川を大きく作り変えたのです。そのことを書きたいと思いました。

偉人の伝記としての体裁をとるなら、晩年の叙勲や褒章を詳しく書くべきでしょう。その偉業をほめ称えるべきでしょう。あえて功なり名を遂げた後半生をそっけなく扱ったのは、意地悪な気持ちからではなく房太郎がそれを望んでいないように感じたからです。晩年の房太郎が懐かしく思い返し、心を動かしたのは、淀川の治水と取り組んで悪戦苦闘した日々のことではないでしょうか。そう、思うのです。

ただ、本文で扱えなかったユニークな逸話は捨てがたく、筆に残った墨で余白に書きつけるつもりで、記したいと思います。房太郎の直系の曾孫である中村扶実さんのお話を、聞き書きのかたちにまとめました。

血族ならではの逸話――中村扶実

房太郎は昭和十年に亡くなりましたから、私は会ったことないんです。でも、房太郎の次男で府会議員として治水に取組んだ治房は私を可愛がってくれて、選挙カーに一緒に乗り込んだりしました。だから、政治家の家のざわざわした雰囲気は知っています。

治房の子である私の父は、医者になりました。政治家のたいへんな生活を見て、とても自分には務まらないと思ったんでしょうね。もっとも、父・徹郎は小柄な体格といい、性格といい、房太郎によく似ているような気がするんですけど。

房太郎も治房もお金には縁のない人でしたから、内情はたいへんでした。貧乏は大橋家の遺伝です。私もしっかり受け継いでます（笑）。でも、お金が目的ではなかったから、徒手空拳で多くの人の心を動かすことができたんじゃないかなと思います。

私が今、家族と暮らしている家は、房太郎が住んでいた建物です。小さな家ですけど、そのまま使っています。私もここで育ちました。部屋のあちこちに額に入った揮毫や、軸装をした書が掛けられていて、古めかしい遺物を特別なものとも思わずに過ごしてきました。今回、淀川大改修一〇〇年にあたってあらためて調べてみると、伊藤博文や後藤新平、加藤高明など教科書に出てくるような明治の政界トップからいただいた手紙や書がたくさんあって、びっくりしました。朝日新聞社主の村山龍平からのお手紙もあります。村山さんとはずいぶん親しくさせていただいたようです。北浜の花外楼で村山さんと当時総理大臣だった加藤高明と三人で酒を酌み交わした逸話も聞きました。中央政界との顔つなぎは村山さんの引きが相当あったのでしょうね。

村山龍平（香雪）から贈られた書

一三一頁の白服の写真は、房太郎らしくて好きです。陳情のための衣装で、当時のお金で八円したそうです。八円って、どれくらいの価値だったんでしょう。本人がわざわざ言うくらいだから、かなりのお値段

歌手中村扶実は、曽祖父・大橋房太郎の淀川への思いに触発されて「MIO 澪～水都物語」を作詞・作曲した。水との共生をテーマにしたシンプルで親しみやすいメロディーは、どこか懐かしく聴く者の胸に深く残る。淀川改修百年の節目の年にあたってシングル CD としてリリースされた

だったんでしょうね。でも、正装で白の上下というのはどうなんでしょう。フライドチキンのおじさんみたい（笑）。目立つようにと考えたのかな。この格好でいきなり押しかけてきて、葉書くらいの大きさの名刺を出して「大橋です」と面会を求めたそうです。インパクトはありますけどね、よく会ってもらえましたねぇ。門前払いされても仕方ないのに、変な奴が来たから会ってやろうかという元老たちもすごいです。明治の人たちって大らかで、太っ腹で魅力がありますね。

特大の名刺には「淀川　大橋房太郎」とだけ書かれていたそうです。もうそのまんま、ほんとにわかりやすい（笑）。房太郎は身長が一四五センチしかなかったんです。当時としても頭ひとつ低いです。そんな小さな房太郎が白い礼服で大きな名刺を出すから、交渉もうまく行ったのかなぁ。もし、すらっとした長身の男前が同じことをしたらいやみでしょう。「放出の太閤」と言われたのも、そんな印象からかもしれませんね。厚かましいようで、どこか憎めない愛嬌があっ

たんでしょう。

宴会芸で「高山彦九郎」を得意としていたそうです。高山彦九郎といっても私たちの世代も知りませんが、幕末・明治の人たちにとっては勤皇の志士の代表だったんでしょう。三味線に合わせて踊りながら歌い、京の三条の橋の上で皇居を伏し拝み、涙を流すというかくし芸だそうです。これには成駒屋こと初代中村鴈治郎が南の大和屋で同席したときに大いに感心して「名人芸」と折り紙をつけてくれたそうで、本人もそれを誇りとして宴席での十八番としていました。そう言えば、その鴈治郎からの手紙も見つかりました。古い書類をひっくり返して、なにか見落としてないかなと探してみたんです。名人といわれた鴈治郎から名人芸だとほめてもらって、天にも昇るほど嬉しかったんでしょう。いつも宴会では披露していたそうです。

ただ宴会芸といっても、房太郎にとってはあくまで陳情の一手段でした。人の気持ちをつかむということでは、飛び抜けた才能があったんですかねぇ。陳情の天才と当時も言われたそうです。それでも心を開かない有力者には、最後の手段

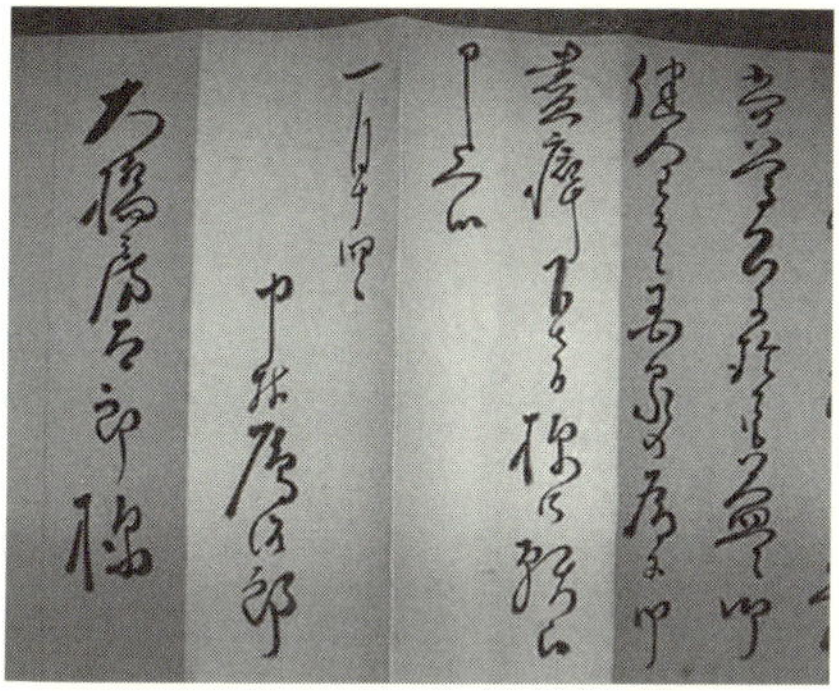

中村鴈治郎から房太郎に宛てた手紙

中央公会堂の舞台で交響詩 MIO を歌う中村扶実（2009年８月29日）

として「裸踊り」を披露したんだそうです。子孫としては、ちょっと恥ずかしい。私が今、人前で歌っているのも宴会芸の遺伝でしょうか。裸踊りはしませんけど（笑）。

房太郎だけでなく、淀川の恵みと共に暮らしてきた多くの人々の人生に思いをはせて、「ＭＩＯ澪～水都物語」という曲を作りました。水源の琵琶湖から大阪湾へと、絶え間なく尽きることなく流れ続ける水の流れは、そこで生きた人々の歴史とも重なります。過去から私たちへと、そして生まれ来る新たな命へ、思いはつながってゆくのではないでしょうか。

二〇〇九年八月二十二日から十月十二日まで開催された水都大阪二〇〇九の行事の一環として、私の「ＭＩＯ澪～水都物語」が作曲家・小室弥須彦さんの手で交響詩となり、八月二十九日に中央公会堂で初演奏されました。小室さんは、私が新人歌手としてデビューした頃からピアノ伴奏をお願いして、三十年来のお付き合いになります。その小室さんが作曲された「交響詩澪ＭＩＯ」が、房太郎の市民葬が行われた公会堂で初演となるのも、やはり人の縁の不思議でしょうか。

そう言えば資料を整理しているときに、仏壇の中から淀川大改修竣工式で房太郎が読んだ祝辞を見つけました。百年の間、一度も開かれたことがなかったのでしょう。紙も色褪せず、墨の跡は昨日書いたように鮮やかでした。セピア色の多くの写真を並べても実感が湧かなかったけど、初めて自分が過去とつながっていると生々しく感じました。

「川は　まさに　生きている」

「ＭＩＯ澪～水都物語」の歌詞の一節です。そして、その流れは未来へと……。

中村扶実さんはフレンチポップスの歌手として活躍しています。そして筆者の三十年来の友人でもあります。伝記の本文では大橋房太郎を歴史上の人物として扱いましたが、血のつながった子孫が語るその人となりは、手のぬくもりや日常の息遣いを感じさせます。どんな偉人も家族からの評価は辛いのが常ですが、それもまた家族ならではの愛情の表われではないでしょうか。

大橋房太郎略年譜

西暦	年号	歳	大橋房太郎	日本の出来事	世界の出来事
1860	万延元年	0	万延元年10月14日、大橋房太郎生まれる	3月3日、大老井伊直弼が江戸城桜田門外で暗殺される	北京条約締結、列強による中国支配が強まる
1861	万延2・文久元年	1	数え歳2歳で実父・大橋実蔵と死別		アメリカ南北戦争始まる
1862	文久2年	2	母の再婚で大橋宗家の養子となる		
1863	文久3年	3		長州藩、外国船を砲撃。薩摩藩は英国海軍と交戦	リンカーンの奴隷解放宣言
1864	文久4・元治元年	4		第一次長州征伐	
1865	元治2・慶応元年	5		第二次長州征伐に失敗、幕府の権力が弱まる	南北戦争終結。リンカーン暗殺される
1866	慶応2年	6		薩長同盟	

西暦	年号	歳	大橋房太郎	日本の出来事	世界の出来事
1867	慶応3年	7		大政奉還	
1868	慶応4・明治元年	8		戊辰戦争。五箇条の御誓文	
1869	明治2年	9		版籍奉還	
1870	明治3年	10			フランスとプロシアが開戦
1871	明治4年	11	11歳頃、養父大橋作兵衛と死別。大橋実蔵家に戻る	廃藩置県	フランス降伏する。ドイツ帝国の成立
1872	明治5年	12		学制発布。太陽暦の採用	
1873	明治6年	13		征韓論に破れ、西郷隆盛、板垣退助、後藤象二郎が政権から去る	
1875	明治8年	15		大阪会議、大久保利通・木戸孝允・板垣退助・伊藤博文が会談する	
1877	明治10年	17		西南戦争	
1880	明治13年	20		国会期成同盟が結成される	李鴻章が海軍創設

1881	明治14年	21			ロシアのアレクサンドル2世暗殺
1882	明治15年	22	5月1日、廣教小学校授業生を拝命、代用教員となる 大阪法学舎で法律を学ぶ		
1883	明治16年	23	9月、大阪法学舎が閉鎖される 10月24日、上京。鳩山和夫の書生となる		
1885	明治18年	25	6月から7月にかけ、淀川大水害 7月、大阪に帰郷し、大水害の惨状を見て治水に生涯を捧げる決心を固める	内閣制度成立	
1887	明治20年	27	6月17日、放出村・下辻村戸長に就任	保安条例公布	
1888	明治21年	28	12月20日、建野府知事に対して京都疎水工事への抗議交渉を行う	市制、町村制公布	

西暦	年号	歳	大橋房太郎	日本の出来事	世界の出来事
1889	明治22年	29	寝屋川改修を大阪府費で賄うと決定 5月19日、榎本村村長に就任	大日本帝国憲法公布	
1890	明治23年	30	1月27日、臨時府会を召集。淀川改修の測量費を大阪府が負担するべきか議論。否決	第1回衆議院議員選挙	
1891	明治24年	31	3月、大阪府議会で淀川改修測量費を府費で負担すると議決 3月19日、府議会議員選挙に当選する 12月、大阪府議会で淀川改修建議案が議決される	大津事件、ロシア皇太子が巡査に襲撃されて負傷する	
1892	明治25年	32	7月、上京し淀川改修について総理大臣松方正義、内務大臣河野敏鎌などに陳情する	選挙干渉事件で松方内閣総辞職	
1893	明治26年	33	4月、上京し、総理大臣伊藤博文、内務大臣渡邊國武、衆議院議員湯本義憲などに陳情	外務大臣陸奥宗光が条約改正に乗り出す	

			上京中に、長男鉄太郎が流行病で死去		
1894	明治27年	34	9月、大阪選出の衆議院議員中谷徳恭、植場平と共に上京し、陳情 12月、大阪府議会で淀川改修建議案が再度議決される	5月、日清戦争勃発	5月、朝鮮で東学党の乱
1895	明治28年	35		4月、下関で日清講和条約締結	三国干渉
1896	明治29年	36	1月、上京し自由党・林有造を通じて陳情 2月、帝国議会で淀川改修建議案が可決 3月、帝国議会で河川法、淀川その他の河川改修法が可決 新淀川の水路にあたる土地の収用交渉が始まる		

西暦	年号	歳	大橋房太郎	日本の出来事	世界の出来事
1899	明治32年	39			清で義和団蜂起
1900	明治33年	40		清に陸軍を派遣	8ヵ国、清に共同出兵
1903	明治36年	43	2月20日、藍綬褒章を授与される		
1904	明治37年	44	日露戦争のため、淀川改修工事が中断	日露戦争始まる	
1905	明治38年	45	工事再開	ポーツマス条約成立	
1909	明治42年	49	6月1日、毛馬の閘門で淀川大改修竣工式が執り行われる		
1910	明治43年	50	淀川大改修の終了	韓国併合	
1911	明治44年	51			中国で辛亥革命
1912	明治45・大正元年	52			中華民国成立
1914	大正3年	54		第1次世界大戦、ドイツに宣戦布告	サラエボ事件から第1次世界大戦始まる
1917	大正6年	57	10月1日、淀川右岸の堤防が決壊。大きな被害をもたらす		

1918	大正7年	58		米騒動	第1次世界大戦終結
1919	大正8年	59			ベルサイユ条約締結
1920	大正9年	60		国際連盟に加入	国際連盟成立
1922	大正11年	62	1月27日、再び藍綬褒章を授与され、飾版を賜る		ムッソリーニ、ローマに進軍
1923	大正12年	63	内務大臣後藤新平から「治水翁」の称号を与えられる	関東大震災	
1925	大正14年	65	6月1日、大阪市会議員に当選		
1927	昭和2年	67		金融恐慌始まる	
1928	昭和3年	68		張作霖暗殺事件	
1929	昭和4年	69			NY株式市場大暴落
1931	昭和6年	71		満州事変	
1933	昭和8年	73		国際連盟を脱退	ヒトラーがドイツ首相に就任
1935	昭和10年		6月30日、胃癌のため死去、享年74歳（満年齢）		

参考文献

『放出の太閤』松村道三郎、淀川治水翁大橋房太郎君紀功碑移建後援会、昭和三十二年
『淀川治水二代　父大橋房太郎先生　子大橋治房先生』松村道三郎、大橋会、昭和三十七年
『淀川治水誌』武岡充忠、淀川治水誌刊行会、昭和六年
『大阪はのびてゆく』坪木操、大阪都市協会、昭和四十五年
『大阪再発見——中之島界隈蔵屋敷跡』岡本吉富、牧歌舎、平成二十年
『淀川ものがたり』河内厚郎、読売連合広告社、平成十九年
『日本史総覧』東京法令出版、平成元年
「文部官吏河津祐之の人間と政治思想の形成」澤大洋『東海大学政治経済学部紀要』第25号、平成五年
『大阪春秋』第33号、新風書房、昭和五十七年
『江戸幕臣人名事典』熊井保、新人物往来社、平成九年
『幕末維新人名事典』宮崎十三八・安岡昭男、新人物往来社、平成六年
『もういちど読む山川日本史』五味文彦・鳥海靖、山川出版、平成二十一年

小川　清（おがわ　きよし）

平岡珈琲店三代目店主。

昭和32年５月４日生まれ。

関西学院大学文学部卒。

広告会社勤務の後、家業を継ぐ。

淀川の治水に生涯を捧げた大橋房太郎の業績を再評価するため「大橋房太郎を語る集い」を有志と共に設立し、講演会等の活動を行っている。

淀川の治水翁　大橋房太郎伝

2010年９月１日　初版第１刷発行
2010年10月25日　初版第２刷発行

著　者――小川　清
発行者――今東成人
発行所――東方出版㈱
〒543-0062　大阪市天王寺区逢阪２－３－２
Tel.06-6779-9571　Fax.06-6779-9573
装　幀――尼子章男
カバー画―安井寿磨子
印刷所――亜細亜印刷㈱

落丁・乱丁はおとりかえいたします。

ISBN978-4-86249-165-7

森琴石と歩く大阪　明治の市内名所案内	熊田司・伊藤純編	２４００円
史跡名所探訪　**大阪を歩く**　大阪市内編	林豊	１２００円
大阪の祭	旅行ペンクラブ編	１５００円
大阪人のプライド	本渡章	１４００円
大阪三六五日事典	和多田勝	１８００円
淀川・中津の野鳥と自然	小山仁示・本多俊之・高橋理喜男	５８３円
関西地学の旅７　**化石探し**	大阪地域地学研究会	１５００円
天神橋筋繁昌商店街	天神橋三丁目商店街振興組合編	１２００円

豪商鴻池	その暮らしと文化	大阪歴史博物館編	2000円
大阪河内の近代	東大阪・松原・富田林の変貌	大谷渡	2500円
おおさか図像学	近世の庶民生活	北川央編著	1500円
近世「食い倒れ」考		渡邊忠司	2000円
大坂見聞録	関宿藩士池田正樹の難波探訪	渡邊忠司	2000円
緒方洪庵と大坂の除痘館		古西義麿	2500円
島成園と浪華の女性画家		小川知子・産経新聞大阪本社編	2800円
前田藤四郎	〝版〟に刻まれた昭和モダニズム	大阪市立近代美術館建設準備室編	2000円

＊表示の値段は消費税を含まない本体価格です。